ユング派
精神療法の実践

西洋人との夢分析の一事例を中心として

武野俊弥
Takeno Shunya

創元社

まえがき

わが国では昨今、グローバル化時代の到来を見すえて、経済産業省が中心となりダイバーシティ（多様性）の推進を戦略的に展開している。しかし現実には、単純明快でわかりやすい言説と、真の多様性とは対極にある一面性がわが国のみならず、世界を支配しようとしているように思えてならない。

グローバル化とともに、政治・経済の世界はますます均一的で単一的な価値観が、猛威をふるいつつあるかのようである。異質なものへの不寛容が社会のいたるところで目立ちだしている。精神医学や臨床心理学においては、異質なものへの寛容さこそが大事にされるべきだと思われるが、斯界《しかい》の現状はむしろ逆行しているとすら感じられてしまう。こういった趨勢《すうせい》への危惧を原動力として本書は書かれている。

精神医療の世界では、少し大仰な言い方をすれば、「認知行動療法（以下ＣＢＴと略す）にあらずんば精神療法にあらず」であるかのような勢いがある。たとえば平成二八（二〇一六）年四月より改定された保険診療の新しい診療報酬制度では、精神科医の負担を軽減する名目で、一定の知識、経験を有する看護師が精神保健指定医との共同のもと、ＣＢＴをおこなうと新たに保険点数が請求できるようになった。しかもそのＣＢＴは、厚生労働科学研究班作成の認知行動療法マニュアル〔平成二七年度厚生労働省障害者対策総合研究事業「**認知行動療法等の精神療法の科学的エビデンスに基づいた**標準治療の開発と普及に関する研究（太字は筆者による）」〕にしたがっておこなった場合にかぎり、算定できるとされている。うがった見方をすれば、医療費削減のための国家戦略として、ＣＢＴを露骨に推進しているかのようでもある。

私としてはＣＢＴにも一技法としての評価はしているものの、アメリカのようにそれだけが唯一のエビデンスのある精神療法とされることにはとても抵抗がある。精神医療、そして精神療法が健全であるためには、ある意味ＣＢＴの対極にあるユング心理学が、アウトサイダーとしてでも生き延びてほしいと願っている。むしろユング心理学はメインストリームになる必要はないとすらいえよう。そもそも精神療法は、この世に生きづらさを感じているアウトサイダーのためにこそ生みだされた人類の知恵の発露といってもよいのではなかろうか。そしてユングにせよフロイトにせよ、精神療法の偉大な始祖はほとんど皆すぐれたアウトサイダーだったのだから。

私がスイスのユング研究所に留学しているとき、ユングの末娘であり、正教会におけるイコン（聖像）学の研究者であるヘレーネ・ヘルニ＝ユング(註1)の講義に参加したことがあった。（ぶしつけなと言っては語弊があるので）「好奇心旺盛な」アメリカ人学生が、

「ユング先生は父親として、さぞかし素晴らしかったのでしょうね？　なにかプライベートな思い出を聞かせてくださいませんか？」

とイコン学とはまったく無関係な質問をしたところ、ヘルニ＝ユング女史は、

「皆さんにとって、父ユングはさぞかし素晴らしく偉大であるのかもしれませんが、少なくとも娘の私にとっては最低の父親でした。遊びたくて書斎に入れば、『赤の書』を描くのに夢中になっている父は怒って私を追い出して、遊んではくれず、しかもあろうことか愛人（トニー・ヴォルフ(註2)）を家に連れてきて同居すると言いだし、母がいかに辛い思いをしたことか……」

と眉を曇らせて父親としてのユングを非難した。とはいえ、ユング研究所で講義もし、かつユング直系の家族のなかで唯一キュラトリアム（チューリッヒのユング研究所の理事会）のメンバーとして活動していたのも事実である。実際、私のDiploma（ユング派分析家資格証書）に、六人のキュラトリアム・メンバーのうちの一人として承認のサインをしてくれているところからも、公人としてのユングは尊敬し、私人ないしは家族の一員としてのユングには批判的ということなのであろう。そういう複雑さ、および両価性をもっているところが私にはむしろ人間的で好ましいとすら感じられる。

映画『危険なメソッド』でも描かれているように、ユングにはだらしないところもたくさんあって、欠点もあまたあり、けっしてパーフェクトな人間ではない。すなわち、良くも悪くも、とても「人間的な」ユングという人が作りあげたユング心理学には、いわゆる人間臭さが感じられる。ＣＢＴはそういった意味では、俗っぽい人間臭さを排除して論理的かつメカニカルでスマートではあるが、複雑で矛盾だらけの人間の心をまるごと扱うには、少々単純で一面的すぎるように思われる。

認知が変われば行動が変わるのは当たり前であり、すべての精神療法は認知の変化とともに行動変容を惹き起こす。マニュアル化するか否かだけがＣＢＴとの違いともいえよう。また、ふるまいや行動の変化が認知の変化を惹き起こすのも、脳科学的にはよく知られた事実である。簡単な例でいえば、無理にでも笑顔を作れば本当に楽しい感情が生まれてくる。そしてポジティブな認知が生じてくる。認知療法起源のＣＢＴにせよ、行動療法起源のＣＢＴにせよ、自然科学的裏づけは確かにある。しかし人間存在は、自然科学と同時に人文科学にもその基礎づけをもっている。

本書がＣＢＴの自然科学的一面性を少しでも補完できたらと願うしだいである。

■註

（1）ユングの五人の子どもの末子。二〇一四年に一〇〇歳でその生涯を閉じている。

（2）ユングの元患者であったが、ユングにその才能を認められ、のちにユング派の分析家となる。フロイトと別れたあと精神的な混乱に陥り、無意識との対決を経験し始めたユングにとって、トニーは神秘的なアニマ的存在となりユングを支えた。妻のエンマはアニマというより、五人の子どもの母であることからも窺えるように、ユングにとってはむしろ母性的な存在であったようである。

目次

※本書では、入れ子の括弧については、学術論文の規格にしたがい〔（　）〕の順で用いている。

第一章　ユング派精神療法

1　ユングにとっての無意識

人間の精神現象および行動を理解するために「無意識」という概念を措定した深層心理学の二大潮流として、ジークムント・フロイト（S. Freud）の精神分析とカール・グスタフ・ユング（C.G. Jung）の分析心理学（通称、ユング心理学）が知られている。統合失調症（Schizophrenie）の命名者として名高い（ちなみに深層心理学の名づけ親でもある）オイゲン・ブロイラー（E. Bleuler）が主宰するチューリッヒ大学精神医学教室およびその附属精神病院ブルクヘルツリで統合失調症の治療と研究にあけくれていたユングは、ブロイラーの示唆のもと、フロイトの精神分析を応用して統合失調症の幻覚妄想内容を理解する試みに着手するようになった。

そして一九〇六年からユングは精神分析の研究に打ちこみ始め、精神分析の若きリーダーとしてフロイトにその将来を嘱望され、また後継者と目されるまでになった。しかし、統合失調症の治療を専門とする精神科医ユングと神経症の治療をもっぱらとする神経科医(註1)フロイトでは、無意識そのものの理解に大きな隔たりがあることが明らかになってきた。さらにはフロイトにとっては精神分析の根幹であったエディプス・コンプレックスとリビドーの性欲説をユングが頑として受けいれなかったため(註2)、一九一三年に両者の仲は最終的に決裂し、ユングは独自の道を歩むことになった。

ユングはブルクヘルツリに入院している重症統合失調症者の幻覚や妄想のなかに、古代から現代にいたるまでの世界各地の神話や宗教に共通して見られる普遍的なイメージが頻繁に見いだされることに気づいた。個人が忘却したり抑圧したりした結果生じるフロイトの唱える無意識を個人的無意識と名づけ、そのさらに深層に、文化や時代を超えて人類に普遍的に存在するイメージ（のちにユングはそれを元型的イメージと名づけている）を産出する集合的無意識が存在し、個人的無意識と比べて集合的無意識のほうがはるかに広大な拡がりをもつ無意識領野であり、個人の心の真の基盤をなすものであると考えた。

2 ユング派精神療法の特徴

ユングは、この集合的無意識を中核とする無意識がもつ自己治癒力に注目した。無意識には意識の偏りを是正する補償（compensation）作用があると考え、意識が一面的となったり、意識のありようが現実にそぐわず不適応的となったりすると、無意識は賦活され、心のバランスないしは全体性（wholeness）を回復しようと補償的なイメージを生みだす。そしてそれが夢として現れ、あるいは心身のさまざまな症状として現出してくる。したがって治療者は夢や症状のもつ象徴性を患者の自我意識に橋渡しをし、それをリアルなものとして患者が理解しかつ実生活のなかで実現（realize）してゆくのを手助けすることが求められる。

すなわちユングは、意識と無意識とのあいだに創造的な関係性を樹立させることを自身の精神療法の要諦と見なしている。そのような関係性を築くためには、まず患者と治療者自身とのあいだに同等の関係性が存在することが必要であり、そのためにはフロイトが提唱するような分析の隠れ身（治療者の中立性）を否定せざるをえず、治療者と患者は相互対等な立場で相対し、両者の意識と無意識を含んだ全人格を向き合わせての弁証法的交流を精神療法の礎《いしずえ》とした。なおユングの言う弁証法とはヘーゲル（G. W. F. Hegel）のそれではなく、ソクラテス（Sōkratēs）の弁証法、すなわちソクラテスの産婆術（maieutikē）のことである。治療者の全人格が精神療法の主要手段となるため、治療者がまず教育分析を受けることが必要であるとフロイトに説いたのは、ほかならぬユングである。

またユングは神話の重要性を強調し、民族に共有された生きた集合的神話を失ってしまった現代人は、各人がその人固有の生を支え、基礎づけ、人生に豊かな意味をもたらしてくれる自分自身の神話、すなわち個人神話を見いだしてゆくことが必要であると言う。(註3) 人間の個性はじつに多様であり、ある人には意味深い個人の神話が別の人にとっては牢獄のように人生の自由を束縛することもある。したがって各人が自分独自の神話を見いだしてゆくのを支えるのが精神療法家の務めとなる。そしてそのような神話を生みだす源泉こそが集合的無意識であり、ここにもユングが重視した無意識の自己治癒作用を見てとることができよう。

ユングは、意識と無意識のすべてを含めたあらゆるプロセスの全体として精神（psyche）を理解した。なお、psyche のギリシャ語のもともとの意味は命であり、根源的な命の「心というアスペクト」への表れが精神となる。すなわち精神療法とは根源的な命に関わる営みのことであり、ゆえに根源的な命の「体というアスペクト」への表れである身体（soma）をも重視している。ユングは心身の総体的な枠組みのなかで人間存在の全体性を理解しようとしたのである。このようにユングは心理学至上主義者ではなく、とりわけ統合失調症の治療における生物学的・社会的側面の重要性もしっかり認識していた。[2][4] そのため現代のユング派を代表する一人であるアドルフ・グッゲンビュール＝クレイグ（A. Guggenbühl-Craig）は、ユング派の治療においては薬物療法であれ、電気痙攣療法であれ、「癒しの儀式（healing ritual）」の一環として命の根源に働きかけるものはすべて、その象徴性と儀式的意味合いを正しく理解してさえいれば自在に用いてかまわない、という柔軟で開けた態度を示している。[1]

3　ユング派精神療法の実際

ユング派の精神療法では、夢分析を主体としながら、さらには箱庭療法、絵画療法その他の造形療法、覚醒状態でイメージを展開させる能動的想像（active imagination）などの技法を用いて、生きたイメージとの弁証法的対話をとおして無意識と創造的に関わることを目ざしている。しかし海面上に現れた氷山を意識にたとえるならば、それをはるかにしのぐ大規模な氷塊が海面下に潜んでいるのと同じように、無意識は意識を圧倒的に凌駕する力をもち、創造的にもなりうるが、関わり方を誤ると破壊的にもなってしまう恐ろしいものでもある。実際、ユングは統合失調症を、意識が無意識に呑みこまれた状態と考えている。

したがって、無意識と創造的に関わるためにはまず意識を鍛えることが必要となってくる。そのためにユングは人生前半の課題として、外的適応のための自我の確立・自己同一性の確立を重視した。そしてそののちに、死に向かう人生後半の課題として内的適応を目ざすこととなる。すなわち集合的無意識の中核をなす元型的イメージである自己（Self）との創造的なつながりを果たすことによって、「汝あるがままに成れ」というギリシャの詩人ピンダロス（Pindaros）の格言を実現すること、つまり自己実現ないし個性化（individuation）の過程を歩むこと（それがそのまま自分自身の個人神話の創出でもある）が求められることになる。

なお第2、3節で述べられているユングの治療論は文献（3）の諸論文に基づいている。また私のユング派精神療法の実際を知るためには文献（5）（6）（7）（8）を参照していただきたい。

■註

（1）当時の神経科医は今でいう神経内科医に相当する。精神科医はもっぱら精神病の診療をしていたのに対して、神経科医が、神経の器質性疾患と考えられていた神経症のことを診ていた。神経症が器質性疾患ではなく、心理社会的要因などによる機能性疾患であることが明らかにされたのは、シャルコー（J.-M. Charcot）とともにフロイトの功績が大きい。なお神経症の治療から精神分析を生みだす以前のフロイトは、脳性小児麻痺や失語症の専門家として名高かった。

（2）男女を問わず子どもは、母親に愛着を示すことは認めるものの、母親はあくまで自らを保護し養ってくれる存在であり、近親相姦の対象として見られるものではないと、ユングはエディプス・コンプレックスを否定した。さらにユングは、リビドーは性的エネルギーに限定されるべきではなく、性欲のみならず創造欲などさまざまな表現形態をとりうる心的エネルギーとして理解すべきであると、当時のフロイトが精神分析の中心教義として掲げていた汎性欲論をも全否定した。

（3）個人神話を見いだしてゆくプロセスについては第二章第3節を参照。

■文献

（1）Guggenbühl-Craig, A. : Analytical rigidity and ritual. Spring 32: 34-42, 1972.
（2）Jung, C.G. : On the problem of psychogenesis in mental disease (1919). In Coll. Wks*., Vol.3,

pp.211-225, 1960.
（3）Jung, C.G. : The Practice of Psychotherapy : Essays on the Psychology of the Transference and Other Subjects. Coll. Wks., Vol.16, 1954.
（4）Jung, C.G. : Recent thoughts on schizophrenia（1956）. In Coll. Wks., Vol.3, pp.250-255, 1960.
（5）武野俊弥『分裂病の神話――ユング心理学から見た分裂病の世界』新曜社、東京、一九九四
（6）武野俊弥「精神療法の本質――関係性と個人神話」精神療法、二四（三）：二三九－二四七、一九九八
（7）武野俊弥『嘘を生きる人　妄想を生きる人――個人神話の創造と病』新曜社、東京、二〇〇五
（8）武野俊弥「統合失調症者との臨床心理面接と治療関係」伊藤良子編『臨床心理面接研究セミナー』現代のエスプリ別冊、至文堂、東京、一二〇－一三〇頁、二〇〇六
*Coll. Wks. : The Collected Works of C.G. Jung. Princeton University Press, Princeton. を示す。

（初出：精神科治療学、第二四巻増刊号、二〇〇九年）

第二章　ユング心理学を診療に生かす

1　はじめに

ユング心理学として一般に知られている分析心理学という名称はユング自身の命名ではあるが、その心理学体系は分析（analysis）よりも総合（synthesis）を目ざしており、ユング当人が名づけた分析心理学という名称は、じつはその本質を正確に表してはいない。ユングはブルクヘルツリ精神病院での膨大な統合失調症の治療経験から、統合失調症者の幻覚妄想が古今東西の神話素〔異なる神話体系に共通する最小単位のモチーフないし構成要素を、神話学で神話素（mythologem）という〕に満ちていることに気づき、その神話素を元型（archetype）と名づけた。そして、その元型の母胎として集合的無意識を、フロイトの考える無意識である個人的無意識の深層に措定し、自己治癒力の源泉としてこの集合的無意識の神話産生機能を重視した。分析心理学はその本質からして、元型を直接扱うのではなく、その顕現である神話を扱うので神話心理学と呼ぶほうがふさわしいと、現代のユング派を代表する臨床家の一人であるグッゲンビュール＝クレイグは提唱している[1]。

なお、元型すなわち神話素に通じるためには、世界中の古代から現代にいたる広範な人文科学の知の体系、具体的には神話、民話やおとぎ話、宗教および儀礼、民俗学、文化人類学、錬金術などの神秘思想、哲学、芸術などを幅広く学ぶことが要請される。このような多岐にわたる学識を身につけないと、ユングの構築した心理学体系の全貌を理解することは困難である。大部のユング全集一八巻のほかにも、近年つぎつぎにユング自身の講義原稿、フロイトとの書簡集およびその他の種々の書簡集などが刊行され、さらには今まで門外不出とされていた『赤の書』までもが二〇〇九年一〇月に公刊されるなど、生身のユング自身を垣間見ることのできる著作を、直接読むことができるようになってきている。なお『赤の書』[5]とは、フロイトと決別したあとの一九一三年以降ユングは、さまざまな幻覚を見たりするなど統合失調症にも似た危機的な精神状態に陥ったが、それを自らの集合的無意識との対決と見なして、その内的体験のすべてを詳細に記録したものである。ユングはそれを自らの手で赤い革表紙の美しい本に装丁した。後年の彼の心理学体系はすべてその内容を中核にして構築されたと言っても過言ではないほどの、ユングを理解する上での一級資料である。

しかし実際のところ、その著作を英語やドイツ語で読んでみると、ユングは洋の東西を問わぬ該博な知識を、なんの説明もなく読者が知っていて当然とばかりに使うので、正直とまどうことが多い。とりわけラテン語を、知識人にとっては自明の理とばかりにふんだんに使うので、読むのに苦労する。いくつかの和訳されているものではさすがにラテン語も日本語に翻訳され、しかも訳注ないし訳者解説などで、とりわけ日本人の理系の医師にとっては馴染みの薄い文系的知識（神話、宗教、文化人類学、哲学、文学等々）の説明がそれなりになされているものもあるが、それでもとっつきにくいのではないかと危惧される。私もフロイト全集はすらすら読めたが、ユングの全集を読んだときは正直苦労した。ユング派の分析家になるつもりでもないかぎり、ユングの著作を直接読むとアレルギーを起こす危険があるので、むしろ、ユングの知の体系の概要を、これ以上ないくらいにうまくまとめた河合隼雄の『ユング心理学入門』[6]を一読されるほうが無難である。

ただし全集第三巻『精神疾患の心因論』[4]は、ユングの精神医学観がよく表れており、理解しやすい。またとりわけ全集第一六巻『精神療法の実践――転移の心理学および関連論考』[2]は、錬金術の知識が必要となる巻尾の論文「転移の心理学」(一九四六)を除いてはユングの精神療法観がとてもよくわかり、かつ読みやすい例外的な著作である。ユングの精神療法がいかに柔軟かつ実践的であるかが窺え、新しいものでも七〇年近く前に書かれた論文や著作でありながら、いま読んでもなお、まったく色あせることなく多くの臨床的刺激や示唆を与えてくれる良書である。

私は、ユング派の国際分析家資格を取得するためにチューリッヒのユング研究所に留学して初めて本格的に、それまでの医学教育では触れることのなかった前述のような広範囲にわたる人文科学の勉強を徹底的にさせられ、そのうえ易経、タロット、占星術までも研究所で学ぶことになった。しかしそのことによって自分の臨床観の幅が広がり、かつとても豊かになったことを実感できるようになり、いまでは感謝している。近年の生物学的精神医学の急速な進展にともない、指数関数的な勢いで増加しつづけるそれら膨大な新知見を吸収することで精一杯であろう現在の若い精神科医の方々にも、自然科学の知と同時に、ぜひ意識的に少しでも、人文科学の知を学ぶ努力をすることをお勧めしたい。ユングは、心身の総体的な枠組みのなかで人間存在を理解しようとし人間を、そして人間の精神を、トータルに見て関わるのが精神医学の本分であると見なしているが、人間とその心をより深く理解するための臨床的センスを高めるうえで、人文科学の知はわれわれ精神科医にとって大いに資するものとなりえよう。

2 無意識の神話産生機能と自己治癒力

前節でも触れたように人間の無意識、とりわけ集合的無意識には神話を生みだす働きがあり、その神話をとおして人間の自己治癒力は十全に発揮される。個人であれ集団であれ、その危機状況において無意識のこの働きは賦活され、神話は生みだされる。私たちは神話をとおして、私たちをとりまく物事とそれによって構成されている世界とを、宇宙的秩序のうちに濃密な意味をもったものとしてとらえることができるようになる。すなわち私たちは、生に意味と価値と方向性を与える濃密な「意味の場」を神話のなかに体験する。そしてこのような「意味」はじつに多くのことを、たぶん人生におけるほとんどすべてのことを耐えられるものにしてくれる。

ユングはしばしば意識を陸に、無意識を水にたとえているが、ユングによれば統合失調症は意識が集合的無意識に呑みこまれた状態と理解され、いわば洪水のようなものとイメージされている。したがって治水をうまくおこなうこと、すなわち集合的無意識といかに創造的に関わるかが、統合失調症の治療においてはもちろんのこと、すべての症例において重要となる。ここで古代中国の治水神話を例にとって考えてみよう。天帝・堯《ぎょう》のとき洪水が起こったが鯀《こん》は治水に失敗して殺され、その子の禹《う》が成功したという神話である。鯀が治水に失敗したのは、自然の理に背いて河川をせき止めようとしたことにあり、禹の成功の理由は、自然の勢いを助けて河川を疎通したことにあるとされている。(8) すなわち無意識の力をうまく利用すること、つまり無意識の自然治癒力ないし自己治癒力の重要性をじつにたくみに示した神話といえよう。

生きている神話として集団で共有できる集合的神話を失った現代の私たちは、自分自身のアイデンティティのために、換言すれば、「私」が「私の人生」をいかに見て、いかに意味づけるかのために、他からのお仕着せではなく、自らの力で無意識の助けを借りながら自分自身の神話、すなわち個人神話（personal myth）を見いだす必要がある。「私」が「私」についてその意味を、「私という全存在」

のなかにどれほど深く位置づけてゆけるかが個人神話の創出ということであり、これがユング派の精神療法の要諦となる。

3　個人神話の創出

無意識の顕現の場としての夢の分析がユング派精神療法の主体となるが、ユング派夢分析の特徴は、患者個人にとっての意味を追求することにある。たとえば患者が、「庭でつんだ花が少ししおれかけたので、母の大きな花瓶にさしてやる」という夢を報告したとしよう。フロイトは、夢の顕在内容の背後には超自我には受けいれがたい潜在内容があり、それが歪曲されて欺瞞的な姿で現れたのが夢の顕在内容であると考えた。しかしユングは夢をあるがままに受けとることを主張し、それが一見わかりにくいのは無意識の言葉が意識の言語とは異なり、イメージと象徴から成り立っているからであると考えた。先の夢の例でいえば、母の花瓶を母の女性性器とドグマ的にとらえ、そこに隠された近親相姦願望を見いだそうとするフロイト的な解釈は、夢を記号（sign）として理解するものとして否定した。夢内容を誰にとっても同じものとして、すなわち単なる記号として一律に解釈するかわりに、患者にとっての特別に個人的な意味を表すものとして、すなわちそれでしか表しようのないイメージ、つまり象徴（symbol）として理解しようとした。そのためには患者の夢内容に対する個人的なイメージないし連想を聴くことが必要となる。この夢見手の患者は、「自分が子どものとき、生まれて初めて釣りあげた小鮒《こぶな》を喜び勇んで息をはずませて家に持ち帰ったが、すっかり弱って死にそうになってしまった。ところが母親が、大切にしていた大きな花瓶にたっぷり水を入れてそこにその弱った鮒を入れてくれると、じきに鮒はすっかり元気をとり戻した」というエピソードを連想し、小さい子どもの患者にとっては、その母の花瓶がなにか神秘的な力をもつものとしてとても印象的だったと述懐した。すなわちこの患者にとって母の花瓶は、衰えた生命力を蘇らせる母なるものの不思議な力の象徴と考えられ、ユングであればこの夢を、母なるもの（すなわち母親元型）に包まれることによって生気をとり戻す可能性を示唆するものとして理解するであろう。

このように、その人個人としての意味を象徴的に理解しようとする姿勢がユング派の夢分析の特徴であり、そこから個人の神話が夢をとおして紡ぎだされることになる。またこの象徴性を重んじる姿勢は夢にとどまらず、ユング派では症状をも象徴として受けとめようとする。たとえば希死念慮を「死と再生」の希求を象徴しているものとして受けとめ、単純にそれに基づく自殺行為をやめさせることのみを考えるのではなく、その背後にある再生への希求をどう受けとめるかを重視することになる。

個人の神話を見いだすために、ユング派では無意識の神話産生機能の表れとしての夢の分析を大切にするが、夢を見ない（覚えていられない）患者の場合は、外的現実生活そのものを無意識の投影であると見なし、患者をとりまき、そのなかに患者が生きている外的出来事を、夢を聴くのと同じ態度で象徴的に傾聴する。統合失調症者の幻覚妄想も無意識の投影ととらえ、夢と等価のものとして扱う[12]。そしてそこに表れている布置（constellation）を重視し、その布置を患者が生き抜くことを促す。

布置すなわちconstellationとは元来、星座のことであり、一見無関係な星の集まりが星座として意味ある形をなして見えるように、ユング心理学でいう布置も、ある個人のそのときの内的世界および外的世界の意味ある連関によって創りだされた、全体的かつ集約的なその個人をとりまく「状況ないし場」を表すものである。したがって人生のときどきにおいてその人が生きている布置は変化するものである。

種々ある元型のうち、どのような元型の組み合わせが患者の内界で働いているのか、またそれが外界およびその患者の個人的体験とどのように結びついているのかを把握することによって、その人固有の個人神話が見いだされる。すなわち、かけがえのない個人的な体験が普遍的である元型的なものと意味深く結びついたとき、個人神話は生まれる。

薬物療法において個別化医療ないしはテーラーメイド医療の重要性が言われるようになってきたが、まさにその人固有の個人神話の創出を目ざすユング派の治療は、そのテーラーメイド医療の精神療法における実践にほかならない。患者の個性に応じて、またその患者の人生の時期（思春期、壮年期、老年期等々）に応じてその人の課題や要請も異なるので、ユング自身、たとえば外的適応がまず必要な青年期の患者にはフロイトの精神分析を用いることが多いと述べているように、患者の個性に応じた多彩な精神療法を柔軟かつ自在に適用してゆくことになる。その際、ユング派の精神療法はもちろんのこと、フロイト派にしろ、アドラー派にしろ、クライン派にしろ、認知行動療法でさえも、すべての理論は一つの神話にすぎないという自覚が必要である。

神話はオーケストラの総譜（スコア）のようなものであり、一つの連続的シークエンスとして理解するのではなく、一つの全体的まとまりとして理解しなければならない。神話はいわば「出来事の束」によって表されているので、オーケストラの総譜と同じような読み方をする必要がある。すなわち一段一段ではなく、ページ全体を把握することが求められる。つまり、左から右へ読むだけではなく、同時に垂直に、上から下にも読み、各ページが一つのまとまりであることを理解せねばならない。段を重ねて書いてあるオーケストラの総譜のように神話を扱って初めて、それを一つのまとまりとして理解でき、神話の意味を引きだすことができる(7)。この一つのまとまりとして理解するということが、まさに先に述べた布置のことであり、布置という観点から個人神話を理解することが重要である。つまり、患者の話を単線的に聴くのではなく複線的に、しかも同時に共時的かつ通時的に聴く、すなわち全体と共鳴しながら傾聴することが、個人神話創出のために求められる治療者の態度といえよう。

治療者に求められる態度としてもう一つユングが重視しているものに、「治療者はタブラ・ラサ（一度書かれた文字をすべて消しさったあとの、何も書かれていない石板）であれ！」ということが挙げられる(15)。ユングは精神療法家に対してなるべく多くの理論、それも心理学や精神療法の理論だけでなく、人間の営みによって生まれるすべての人文科学の理論をできるだけたくさん学ぶことを求めたが、しかし患者の前では学んだすべての理論を棚上げし、一個のタブラ・ラサとなることを要請した。これは一つの理論を患者へ押しつけることへの戒めであり、どの理論もあくまで一つの仮説にすぎないことを知る必要がある。ユング的に言えば、どの理論も一つの神話であり、絶対的な真実としてドグマ化してはいけない。患者を理論に合わせるのではなく、患者に合った理論、すなわち個人神話を見いだすことが治療者の責務である。

たとえば母親に愛されなかった子が情緒的問題をもつこともあるが、逆にそれをバネとしてたくましく育つ子もいる。あくまでケース・バイ・ケースであり、一人ひとりで皆違うのである。万人に共通する原因などはなく、一つの原因が多様な結果を生みだしうることに注意せねばならない。いっさいの理論的バイアスを捨てて治療者はタブラ・ラサとなり、眼前のこの患者にとっての問題は何かを、あくまで個別に考えてゆかねばならない。既成の理論を眼前の患者に無理やり当てはめることなく、眼前の患者から、その患者にだけ通用する理論、すなわち個人神話を見いだすべきである。

生活歴の聴取に際しても、事実の集積として直線的・経時的・整合性を重んじて聴くのではなく、個人神話として現在の自分が今、ここにあることの意味（レゾンデートル）を実感できるように、多面的・重層的に聴いてゆかねばならない。いわば患者のこれまでの人生をオーケストラの総譜のように、すなわち過去の出来事は、意味ある全体的関係性の複雑かつ重層的な網の目の結節点として今の自分に現出していることを、理解・感得できるように聴くことが大切である。

ここで一つユング派的治療の具体例を呈示してみたい。この症例は、あまり時間をさけない保険診療の枠組みのなかでのユング派的治療の一例である。患者は入社一四年目の働き盛りの中堅社員であり、激務のあげくうつ病となり、私のもとを訪れることになった。投薬と充分な睡眠をとらせることにより三カ月弱ですっかり復調したが、その頃の面接で以下のような話が語られた。

「病気のこととは関係ないことですが、ひとつ訊いてもいいですか？　一〇年くらい続いていつも見ていた夢をこの頃まったく見なくなったんです。どうしてなんでしょうか？」〈どんな夢？〉「弟と一緒にドライブしたりとかして、弟と二人で楽しくすごしている夢。弟は高三のとき左脚の骨肉腫になり、手術と入退院をくり返し、最後は肺転移して、二〇〇針以上の縫合を要するまでにメスを全身に入れられ、それでも気丈に明るく生きたんです。私が入社四年目のとき、一〇年近い闘病生活のあげく亡くなったんですが、仕事が忙しく死に目に会えませんでした。もっといろいろしてあげられたのではという後悔が残っています」

弟が亡くなってまもなく、弟の夢を見るようになっていることが印象的である。弟が闘病生活で楽しめなかった期間に符合する一〇年間を、患者は自分の夢のなかで弟を楽しませてあげられたことになる。死に目に会えなかった患者の罪責感とうつ病との関連はあるかも知れないが、忙しい一般臨床のなかでそのことを扱う意義は感じられなかったので、それよりもむしろ患者のうつ病が始まったときに弟の夢も見なくなったことに注目するほうが、私には臨床的と思われた。初診時、入社以来の激務で蓄積した心と身体（この患者の場合は脳）の疲弊がうつ病を惹き起こしたとアロスタティック負荷仮説[註1]（ユング派では自然科学の知も一つの神話として、患者の個性に応じて自在に利用する。すなわち患者がもっとも納得しやすい説明のためには、生物学的精神医学にも通じていることが望ましい）に基づいて服薬と休養の意味を説明し、その後服薬と業務軽減による睡眠の確保で症状が軽減したところで、ふたたびうつ病にならないために患者のライフスタイルやワークスタイルの変換、すなわち仕事一辺倒の生活（これを弟の死に対する罪責感の反動ととらえることもできるが）から家庭を含めた自分のプライベートな生活も楽しむ方向への転換がなされたタイミングで、先に述べたような夢のエピソードが語られた。それを聴いた私には、まるで弟が「兄さん、もう俺のことは充分だから、あとは自分の人生を生きろよ！」と言ってくれているかのように感じられた。実際患者にとっては、うつ病の治療をとおして治療者がイメージした弟の望む方向への生き方の変更がなされたわけであり、その旨を患者に伝えたところ、患者もおおいに納得し、自身の生き方を変えることを弟の意にかなうものとして、より積極的に受けいれられるようになったのである。

このようにユング派の夢分析では内的洞察に基づいて、実際それに応じた外的生活の変容が求められ、またそうすべく努力してゆかねばならない。外的現実を内的現実と同様に重視し、外的現実とつながって初めて内的現実は意味をもつことになる。実際にユングは現実のなかで行動すること、すなわち内的イメージを現実生活のなかで「実現する」（realize）こと、つまり現実のなかでリアルなものにしてゆくことの大切さをとても強調している。それなしでは、たとえユング派で治療の主体をなす夢分析といえども単なる知的ゲーム、ないしは現実逃避の夢遊びにすぎなくなってしまう。

またユング派において解釈は、「正しい」かそれとも「間違っている」かということが問題なのではなく、その人の生にとって「妥当性」があり、意味があり、その人の生を豊かなものにしてくれるか否かが問われることになる。それが個人神話としての解釈であり、そのメルクマールはその解釈が患者の「腑《ふ》に落ちる」か否かであり、ユングの言葉でいえば「ピンとくる」「心に響く」「うまくおさまる」か否かである。患者にとっても治療者にとっても、このように夢や人生を理解することによって、患者の生がより意味深く味わえて、かつ生きられるようになれば、それでよいのである。ユング派では「正しい」解釈は求められない。解釈はいろいろな解釈が可能であり、いわばどうとでもできるものである。だからこそ、「正しい」解釈などというものによって患者を支配しないように、充分注意せねばならないのである。

治療者の解釈が患者にとって、治療者の理論の押しつけではなく患者自身の個人神話の賦与となるためには、治療者がタブラ・ラサとなり、ユングが「転移の心理学」で呈示したように、患者の個人的・集合的無意識を含めた全人格とある種「融合」し（それがユング派でいう同調性逆転移の根源であり、それをとおして治療者が患者の無意識を感じとることができるようになる）、かつ「共鳴」し合う態度が不可欠である。そのありようから治療者のなかに自然と浮かびあがってくる解釈は、患者の無意識と意識、内的リアリティと外的リアリティ、また患者と世界を結ぶ架け橋として機能する個人神話の創出となる。これはけっして治療者が作りだしたものではなく、治療者を介して、患者自身の意識と無意識の総体としての精神（psyche）が生みだしたものと見なすことができる。ただし、そうなるためにはユングが「転移の心理学」のなかで錬金術の書『哲学者の薔薇園』の図版を用いて示したように、深い治療関係が大前提となる。前掲の症例でも、三カ月の治療面接をとおして充分な治療関係が醸成されていたからこそ、患者と治療者とのあいだに意味深く共有できるイメージ、すなわち個人神話がおのずと生じてきたのである。

4　全体性の追求

病を不要のもの、悪しきものとして除去し、消し去るのではなく、病を、それをとおして無意識が何かを訴えかけようとしている意味あるものとして尊重し、その意味を探ろうとする。すなわち病を単なる症状としてではなく、意味ある象徴として理解しようとするのがユング派の特徴である。ユングは、清く正しく美しく光り輝き、そして健康である完璧（perfection）は神のみに許された道であり、私たち人間は、清も濁も、正も邪も、美も醜も、光も影も、善も悪も、そして健康のみならず病をも含めた全体性（wholeness, totality）の道を求めるべきであると主張した。その考えに立つとユング派の精神療法においては、病は単に排除すべきものではなく、その意味を受けとめることによって、病が不要となればおのずと症状は消失し、治らぬ病であればそれとともに生きることの意味を見いだしてゆくことがその務めとなる。この場合は、精神療法は治療（cure）ではなく、癒し（heal）を目ざすことになる。なお、heal は語源的に whole と同根であり、癒しの道とは全体性の道でもある。難治の統合失調症や双極性障害、あるいはターミナルケアなどの精神療法において、ユング派のこの見方はとても意味深いものとなる。

ユングは、その死のわずか三年前に書かれた一九五八年の論文「統合失調症[3]」において、遠い将来いつの日か、脳科学と無意識の心理学とが手を携えるときが必ず来ることを予測し、精神医学の本分は人間をトータルに把握することにあり、病者を理解し治療するためには、心理・社会的側面と生物学的側面の両面をともに熟慮せねばならないと強調した。ユングは心身の総体的な枠組みのなかで、人間存在の全体性を理解しようとしていたのである。

5　おわりに

心のありようはたえず時代とともに変化するものである。二〇年前、あるいはほんの一〇年前までは妥当であった心の見方が、現在の心のリアリティにはふさわしくなっていることは現実にありうることである。したがって過去の臨床経験にしばられず、たえず治療者はタブラ・ラサとなり、今、現在の心のリアリティを探ることが肝要である。

実際、時代とともに、すなわち社会の変化やコミュニケーション様式の変容なとどともに、精神疾患のありようは急速に変化してきている。かつてのような確立した〔すなわちエリクソン（E.H. Erikson）の言うような〕自我同一性をもっている人は急速に少なくなってきており、とりわけ若い世代では、ある意味みんな同一性拡散（identity diffusion）というか、一つのしっかりした人格・顔・ペルソナ・社会的役割をもたない、多面的でカメレオン的ありようが常態化して、普通になっている。したがって従来の精神療法システム、すなわちしっかりした自我をもっていることを前提としたシステムでは、立ちゆかなくなりつつある。

華々しく多彩な症状をもった統合失調症はおろか、カーンバーグ（O.F. Kernberg）やマスターソン（J.F. Masterson）が示したようなしっかりした精神力動的構造をもった境界例の症例も、最近めっきり少なくなっている。かつての多重人格は一晩かけてじっくりと人格交代を起こしていたが、最近のそれはＴＶのチャンネルのザッピングのように、瞬時にころころと切り替わってしまう。

しっかりした固定的システムをもたない、自由かつ柔軟で流動性の高い、いわばメルクリウス的で変幻自在なユング派の治療は、現代の急速な心とその病の変化に対応しうるポテンシャルをもっているのではないかと期待される。最近の患者を診ていると、ますます「人の心」はかつての経験でははかり知れないものであるとの感が深くなる。その意味でユングの重視するタブラ・ラサの態度が、今後さらに治療者に必要とされることになろう。

私は統合失調症の精神療法を学ぶためにユング研究所に留学したが、実際そこで学んで、精神科医としての臨床の幅が拡がったことを感謝している。本章はあくまで私が理解するユング心理学の概略を述べたものであり、もしユング心理学に関心をもち、さらにそれをより具体的に日々の精神科臨床のなかに生かしてゆきたいと考えてくださる方がおられれば、私のユング派としての臨床観や精神療法実践についての詳細や実例を記した文献（9）〜（19）を参照していただきたい。

■註

（1）アロスタシスとは、身体の状態を変化させることによって、ストレスに対応しようとする仕組みのことである。主として副腎皮質から出るステロイドホルモンと、交感神経と副腎髄質から出てくるカテコルアミンによって、ストレスに対抗しようとするが、この状態が長く続くと、身体に種々の負荷が生じる。それをアロスタティック負荷と呼び、とりわけ脳においては、海馬の細胞新生が抑えられることによって萎縮が生じ、そのこととうつ病の発生とが関連していると考えられている。

■文献

（1）Guggenbühl-Craig, A.：Die närrischen Alten：Betrachtungen über moderne Mythen. Schweizer Spiegel Verlag, Zürich, 1986.（山中康裕監訳『老愚者考——現代の神話についての考察』新曜社、東京、二〇〇七）

（2）Jung, C.G.：The Practice of Psychotherapy：Essays on the Psychology of the Transference and Other Subjects. Coll. Wks*., Vol.16, 1954.

（3）Jung, C.G.: Schizophrenia（1958）. In Coll. Wks., Vol.3, pp.256-271, 1960.
（4）Jung, C.G.: The Psychogenesis of Mental Disease. Coll. Wks., Vol.3, 1960.
（5）Jung, C.G.: Das rote Buch. Patmos Verlag, Düsseldorf, 2009.（河合俊雄監訳『赤の書　The Red Book』創元社、大阪、二〇一〇）
（6）河合隼雄『ユング心理学入門』培風館、東京、一九六七
（7）Lévi-Strauss, C.: Myth and Meaning. University of Toronto Press, Toronto, 1978.（大橋保夫訳『神話と意味』みすず書房、東京、一九九六）
（8）大林太良・吉田敦彦・伊藤清司ほか編『世界神話事典』角川書店、東京、一九九四
（9）武野俊弥『分裂病の神話――ユング心理学から見た分裂病の世界』新曜社、東京、一九九四
（10）武野俊弥「精神療法の本質――関係性と個人神話」精神療法、二四（三）：二三九－二四七、一九九八
（11）武野俊弥「〈分裂病〉の臨床――個人神話とのかかわり」河合隼雄編『ユング派の心理療法』日本評論社、東京、一一三－一二五頁、一九九八
（12）武野俊弥「分裂病的危機に対する精神療法」山中康裕・河合俊雄責任編集『境界例・重症例の心理臨床』金子書房、東京、九一－一〇四頁、一九九八
（13）武野俊弥「無意識の神話産生機能と夢分析」河合隼雄編『心理療法と物語』講座心理療法第二巻、岩波書店、東京、六一－一一一頁、二〇〇一
（14）武野俊弥『嘘を生きる人　妄想を生きる人――個人神話の創造と病』新曜社、東京、二〇〇五

（15）武野俊弥「タブラ・ラサ」精神療法、三一（五）：六二〇－六二二、二〇〇五
（16）武野俊弥「統合失調症の心理療法と薬物療法」臨床心理学、五（六）：八一八－八一九、二〇〇五
（17）武野俊弥「統合失調症者との臨床心理面接と治療関係」伊藤良子編『臨床心理面接研究セミナー』現代のエスプリ別冊、至文堂、東京、一二〇－一三〇頁、二〇〇六
（18）武野俊弥「ユング心理学からみた診断のコツとポイント」原田誠一編『診断の技と工夫』中山書店、東京、四八－五三頁、二〇一七
（19）武野俊弥「ユング心理学からみた精神療法のコツとポイント」原田誠一編『精神療法の技と工夫』中山書店、東京、五八－六四頁、二〇一七

*Coll. Wks.: The Collected Works of C.G. Jung. Princeton University Press, Princeton. を示す。

（初出：臨床精神医学、第三九巻第一号、二〇一〇年）

第三章　西洋人とのユング派夢分析の実際

（本章は、二〇一〇年六月六日に開催された日本ユング心理学会・第一回大会で発表されたケース・シンポジウムの内容を基にしている）

1　はじめに

スイスでのユング研究所における前半課程では、私は講義にもほとんど出ず、ひたすらユング全集を読みふけっていた。

私の日本での分析家である山中康裕先生のアドバイスにしたがい、頭ですぐ理解してしまう私は、ユング研究所に留学するまでは、〔ユングの著作を読んで変に頭で理解してケースを見ると、ユングのバイアスがかかってしまうので〕あえてユングの著作は読まずに、読むならフロイトをはじめとする精神分析のものを読み〔実際フロイトのものはほぼすべて目をとおし、さらに集中してサリバン（H. S. Sullivan）とフェダーン（P. Federn）とサールズ（H. F. Searles）を読み込んだが〕、とにかくユングのバイアスなしで充分に統合失調症の臨床経験を積むことに専念していた。スイスに留学して初めてユングの本を読み、ユングの言っていることが私の臨床実感に合致しているかを検討し、合致しているなら留学を続け、合致していなければ研究所でのトレーニングはやめ、ユング以外にもあまたの偉大な精神科医や精神療法家を輩出したスイスのゲニウス・ロキ(註1)を肌で感じ、ただ教育分析だけは受けて、教育分析をとおして西洋人の魂と対峙してくればよいと山中先生に言われた。

そのつもりでスイスに留学後、ユングの本を本格的に読んでみると、留学するまでに積み上げてきた私の統合失調症での臨床実感にとても合致したので、トレーニング課程を続け、後期課程に入ることにした。

こうして留学一年半後に臨床のトレーニングを開始することになり、西洋人二一人（研究所からの紹介が八人、最初の患者さん(註2)からの紹介が一三人）、スイス人と結婚された日本人三人、スイスに滞在中の日本人二人の計二六人の方々と貴重な分析および精神療法の体験をすることができた。とりわけ西洋人から分析を受け、さらに西洋人と分析をする体験をとおして、日本人の心と西洋人の心の異同を肌身で学ぶことができ、その体験は私にとってユング心理学という西洋オリジンの精神療法を日本で実践するうえで、大きな財産になっていると思っている。

本章でこれから呈示する事例は、スイスでの四人目のアナリザント（被分析者。すなわち精神疾患の有無にかかわらず精神分析を受けている側の人を、精神分析の世界ではこう呼ぶ）であるが、最初の三人は全員統合失調症圏の患者だったので、統合失調症を専門とする精神科医としての私のそれまでのキャリアーではけっして出会うことがなかった、かなり健康度の高い西洋人のアナリザントである。私がユング研究所に留学したのは統合失調症の精神療法をより深く学ぶ目的だったので、いわばそういう私にとっては、精神科医としてではなく「ユング派の分析家」としてのイニシャルケースであり、ユングの述べているように面白いほど、それこそ「教科書的に」分析過程が進み、こういうケースを診ていたらユングがああいう理論体系を打ち立てるのもごく自然のことだなと感じたほどであった。

じつは私自身の日本での山中先生による被分析体験では、シャドウからアニマの問題（それもアニマの四段階などといったもの）へと展開するというユング理論のようにはまったくなっておらず、ユングの統合失調症に関する理論ではとても納得できていたものの、個性化の過程の描写についてはいまひとつピンと来ていなかった。それがこの事例の分析をとおして、なるほどユングの言うとおりだなとピンと来たわけである。この事例を機にユング派の分析そのものの面白さに目覚め、帰国後ユング派の分析家として開業する決意を固める契機ともなり、私にとってはじつに意味深く重要な事例といえる。

この事例をとおして、少なくとも西洋人の分析においてはユングの言うことがじつによく当てはまること（しかし日本人においては必ずしもそうではないのだが！）を呈示したいと思っている。アナリザントより、日本語でなら自由に公表してかまわないが、欧米語で公表したいときは事前に内容を見せてくれと言われているので、ほんとうは夢も本人の書いた原文のままで呈示したほうが、西洋人の夢の特徴がよくわかるのだが、しかし約束した以上つたない日本語に訳さざるをえず、本来の夢の力が損なわれていることをお許し願いたい。

2　事例呈示

事例A（三〇代前半、男性、既婚、ヴィオラ奏者）

［主訴］

演奏時の手の震え（βブロッカー（註3）使用）

［家族歴・生活歴・現病歴］

父親は成功した銀行家。母親もプロのヴィオラ奏者であったがAのようには成功せず、家庭に入ってからは近所の子どもにヴァイオリンやヴィオラを教えていた。Aは母の影響で小さい頃からヴァイオリンやヴィオラの演奏を習い始め、そのままプロのヴィオラ奏者の道を歩むこととなった。一二歳のとき、初めて演奏中に手が震えることに気がついたが、なんとかそれを隠しとおすことはできた。一五歳のとき、ユース・オーケストラのコンサートマスターに大抜擢されたが、この大役を極度の緊張のためにうまく果たせず、この栄光の地位から即座に降ろされてしまった。そのときAは強い挫折感と敗北感を味わい、以来、いかなる過ちも犯すまいと、自意識がますます過剰となり、強い完全癖をもつようになってしまった。それゆえ皮肉なことに手の震えは逆に悪化してしまった。二〇歳の頃、ひどくなる手の震えを隠しきれなくなり、ついにそれをコントロールするためにβブロッカーを演奏前に服用せざるをえなくなった。βブロッカーのおかげでAはプロの音楽家としてのキャリアーを順調に歩むことができた。しかしこの数年、一生薬なしには仕事を続けられないというのはとても不自然ではないかと感じるようになり、さらに現在の自分の仕事が、自身の本性に本当に合致しているのかということにも疑念を抱くようになった。Aは手の震えを治すためにヨガや自律訓練法などを試したが効果はなく、X年一月、自分自身を長年の服薬から解放するために演奏家としての現在の職を辞することを決意した。しかしAのオーケストラのマネージャーから退職をしないよう強く懇願され（ということはAがヴィオラ奏者としてそれだけ高く評価されていたのであろう）、Aも気持ちを変え、まずは一年間精神療法を受けてみて、それでも改善がみられなければ、やはり演奏家としての職は自分には合わないものとして、違う道に進むことに決めた。Aは最近たまたまユングの『人間と象徴[1]』を読み、ひじょうに魅《ひ》かれるものを感じ、そのため数ある精神療法のなかからユング派の分析を受ける決意をしたとのことである。Aは正規の分析家の治療を受けるつもりでいたが、[註4] 研究所のカウンセリング・センター所長のドクターBが、訓練生ではあるけれどもあなたの個性にピッタリの日本人の良い精神科医がいると、私を紹介したとのことである。

［初診時見立て］

詳しく問診してみると前述の主訴のほかに、**仕事のあるときのみ出現する**上半身だけの軽いアトピー性湿疹および腕や臀部のこわばりやひきつりのあることがわかった。これらの身体症状はAの職業的葛藤に関連しているものと思われる。またAは内向的で、人前で自身を（とりわけ自分の感情を）表現することに困難を感じていた。Aの完璧を求める傾向ないし失敗への恐怖心が内的緊張と不全感を生みだし、さらに自我のコントロールを失う恐怖が、情動を抑圧ないし遠ざけているように思われた。この情動の喪失が精神／心（psyche）と身体／体（soma）の乖離を生みだしているように感じられ、ある意味Aは霊的・知性的にのみこの世を生きようとし、身体的・情動的側面を十全に生きてはいないといえよう。（註5）

［分析の経過］

初回面接（X年二月九日）でのAの印象は、繊細で内向的な青年で実年齢より一〇歳以上若く見え、よい意味での少年らしさを漂《ただよ》わせており、あらゆる意味でナイーヴに見えた。身体の症状に関しては、それは身体からの象徴的なメッセージや警告であることもあり、夢と等価の意味をもちうるものでもあり、もっと身体からの声に耳を澄ますことを促した。Aは私（以下、セラピストの略語としてのTh）との分析に興味をもち、週二回の分析を希望した。なおAは世界中で公演する機会があるため世界のどの国でも通用する医療保険に入っており、Thが医者であるためこの分析も全額が保険で支払われている。

以下、夢の流れを中心にして分析の経過を呈示してゆきたい。なお、Aには分析が終結するまでは、ユング関連の本を読まないように、初回の面接で言ってある。それは、知性優位のAにとって、本を読むことによりその影響を受け、バイアスがかかり、自分の「生《なま》の」無意識の体験を十全に味わえなくなることを恐れたからである。したがって、その真意を理解し納得してくれたAは、『人間と象徴』以外のユング関連の本は読んでいない。

二回目の面接で七つの夢が報告されたが、とりわけ二つの夢がイニシャル・ドリーム（初回夢）として興味深い。このイニシャル・ドリームには、おおまかに言って二種類がある。最初の夢6はもっとも典型的なイニシャル・ドリームで、今後の分析のプロセスにおける「展望」(perspective) を表しているものと考えられる。いっぽう夢7のイニシャル・ドリームは夢6とは違い、今この場（here and now）を生きているAが取り組むべき「現在の課題」を呈示しているものと思われる。

［夢6］（X年二月一三日）

私は一人で森のなかを歩いている。七人の猟師が大空の一点に狙いを定めて銃を構えているのを目撃する。いったい彼らは何を狙っているのだろうと目を凝らしてよく見ると、はるかかなたに巨大な鳥が一羽飛んでいるのが見える。猟師たちはその鳥めがけて一斉に銃を打ち放つが、弾が当たってもその鳥は死なないどころか、傷ひとつ負わない。その鳥は私のすぐ近くにゆっくりと舞い降りて、白い壁の上に止まる。それは鷲のような頭をして、その羽は青と緑に美しく輝いている。それはまた人間の脚をもち、馬の背にまたがるようにして白い壁の上に座っている。

Aは、自身が「鷲男《わしおとこ》」（eagle-man）と呼ぶ不思議な存在の、威厳に満ちた姿と不死性に深い感銘を受けた。青と緑の輝く羽をもつこの荘厳な不死身の鷲男はThにはユングのフィレモン（註6）を想起させた。じつはAは西ドイツの出身であり、Aはこの白い壁からベルリンの壁を連想している。ベルリンの壁が崩壊してからまだ三カ月しか経っていないこともあり、多くの人にとっては「隔てる」ものの象徴としての壁が、とりわけドイツ人のAにとっては生々しく、かつ衝撃的な「統合」

の象徴として現れていることが印象的であった。(註7) 鷲男が壁に「またがる」こと自体が、壁によって隔てられていたものの統合の象徴として考えられる。しかし、この夢においては「壁」そのものも統合の象徴になってしまっているのである。また鷲は猛禽類の王であるばかりでなく、ドイツ国旗の起源ともなっている神聖ローマ帝国の紋章（金地に赤のくちばしと爪をもった黒い鷲）をもAは連想しており、自身のルーツの深いところとつながる重要なイメージなのであろう。Thにはこの鷲男は、自己《セルフ》の統合機能の象徴のように感じられた。

さらにまた、七人の猟師と一羽の鷲男の組み合わせにも興味深いものがある。錬金術の有名なマリアの公理である「一は二となり、二は三となり、第三のものから第四のものとして全一なるものの生じ来たるなり」で表されているように、ユングは四を全体性の象徴として重視しているが、同様に「七＋一としての八」も全体性の象徴と考えている。したがって錬金術的にいえば、撃つものとしての七人の猟師と、撃たれるものとしての一羽の鷲男の組み合わせが「八なるもの」（Ogdoas）としての全体性を表現しているとも考えられる。(3)

［夢7］（X年二月一四日）

灰色のスーツと灰色のコートを羽織った、典型的なチューリッヒのビジネスマンのような男をたまたま追い越す。男は私に侮辱されたと感じたらしく、うしろから私を追いかけだす。私は男に何も悪いことはしていないので、男の追及はまったく不合理で腹がたつ。でも男に立ち向かうことなく、ひたすらもっと早く走って男から逃げようとする。

Aは、自分はビジネスマンは好きではない、彼らは内的にも外的にも自由をもっておらず、ただ退屈で不毛なだけで、自分のようなアーティストとはまったく対極の存在である、と述べている。この灰色のビジネスマンはAのシャドウの一側面を示唆しており、Aはそれをあまりに無視し続けてきたために、ついには内側からAを駆り立てだしたように思われた。そして今こそ、Aが自身の内にあるこのビジネスマン的側面にきちんと向き合うべき時なのではなかろうか。さらにThには、このビジネスマンの問題はAの父親コンプレックスとつながっているのではないかと感じられた。

その後の数回の面接で、Aの父親コンプレックスとシャドウの問題がしだいに明らかとなってきた。Aの父親は大きな銀行の頭取で、朝は七時前には家を出て、夜は九時過ぎに帰ってくるという精力的なビジネスマンであった。そのため子どもたちは日曜日しか父親の顔を見ることができなかったそうである。父親はつねづね子どもたちに普通の人間になってはならない、社会のなかで重要な地位を占めることのできる特別な人間にならなければならないと力説していたとのことである。したがって、プロの音楽家になるというAの決断は、父親を大いに失望させてしまったそうである。Aの父親の目には、音楽家という職業は男としての人生に値するものではなく、いわば女々しく柔弱で無益な仕事としてしか見えなかったようである。

A自身も自分の父親と夢7のビジネスマンを同等のものと見なしていた。Aの父親は論理的で合理的で効率的なものにしか興味がなく、情緒的なものに興味を示すことはけっしてなく、そういったものは父親の人生においては完全に排除されていた。父親との関係はまったく悪かったにもかかわらず、「常に一番であれ！常に成功者であれ！」という父親の呪縛からAは自らを解放することができていなかった。父親への唯一の反抗はプロの音楽家になるということであった。

ちなみに、Aはどのような相手であれ権威的で、力強く、有力で、偉大な人物と関わることが苦手であった。なぜならそのような人物を前にすると、自分という存在が消えうせるか、自分が無価値な存在であるかのように感じてしまうからである。つまりAは自分の父親コンプレックスを権威的な人物に投影してしまうのであった。しかしこの点においていくばくかの改善が期待できそうなことをAの夢は示している。

［夢8］（X年二月一七日）

父がヨットを操っている。父が誤ったポジションを取ったため、私がヨットの外に身体をのけぞらせる難しい姿勢を取り続けることによって、その失敗をリカバーせねばならなくなる。私がヨットを操ることになり、とてもうまくできてたいへん気持ちが良い。

［夢12］（X年二月一八日）

湖の客船に乗っている。私は子どもである。その船を運転しているのは私の父である。小さな港で船は回転しようとする。港はとても小さく、大きな船をここで操るのはかなり難しい。そして父は失敗してしまう。船の手すりを港の壁に激

しくぶつけて壊してしまう。

これらの夢をとおしてAは、父の前にあっては、自分はいまだほんの子どものままであることに気づき、しかし同時に、その「父の原理」は自分のなかでは、もはや機能できなくなっていることにも気づくことができた。Aは、いまや自分自身の新しい原理を見いださなくてはならないのである。この点において、Aは以下のような興味深い夢を見ている。

［夢9］（X年二月一七日）
誰かがロバの背にまたがって私に近づいてくる。その男はCであることがわかる。Cはその背中に二人の子どもを背負っている。

「ロバに乗った人物」というイメージは、Aにイエスを連想させた。新約聖書によると、イエスはロバにまたがってエルサレムに入城したが、マタイの福音書(21.4)によれば、「それは、預言者を通して言われていたことが実現するためであった」とある。その預言者とは、旧約聖書の第二ゼカリヤであり、その預言とは、「娘エルサレムよ、歓呼の声をあげよ。見よ、あなたの王が来る。彼は神に従い、勝利を与えられた者／高ぶることなく、ろばに乗って来る」〔「ゼカリヤ書」(9.9)〕というものである。(註8)

Cは音楽大学の同期生であり、一般社会の規範や要請にはしたがわず、たえず自分独自のやり方を貫いていた。ヒッピーのような格好をしており、ヴァイオリンの演奏スタイルも特異なもので、いわゆる一般的に「良い」とされるものからは相当かけ離れていた。Cは、世間の規範に囚われることなく自らが望むままに生きている人物といえよう。その意味において、CはAの父とはまったく対極の存在である、とAは述べている。CはいわばAのポジティブ・シャドウであり、Aの「救い主」として現れたように思われた。いまやAは、それまで抑圧してきたCで表されるような側面を発達させることを、内的に要請されているようである。社会の規範からはずれると悲惨なことになるという恐れをAは抱いていたので、Cが現在西ドイツで最高のオーケストラで働けているという事実に、ThはAの目を向けさせた。なおCには現実には子どもはおらず、夢のなかでCが連れてきた二人の子どもというのは、Aの内的発達の新しい可能性を象徴しているのかも知れない。すなわち、このポジティブ・シャドウがAにとってまさに救世主として、新しい発達の可能性をもたらしてくれるのではないかと期待される。さらにこの夢は、夢8と同じ日に続けて見ていることが重要であると思われる。つまり父親の失敗をA自身がリカバーした直後の夢であり、一続きの夢として理解できよう。

同様のテーマに関してやはり同じ日に、Aは次のような夢も見ている。

［**夢11**］（X年二月一七日）

劇場の左側に、隠されたドアがある。数人の人たちと私は、ある「特別の歌」を歌おうと試みている。その歌によって、隠されたドアのなかで石化してしまっている一人の子どもを救うことができるのだ。私たちはいろいろな歌を即興で歌うが、子どもを救うのに必要な歌を見つけられない。

Aによると、この石化した子どもは妻の弟とひじょうによく似ていたという。この義弟は現在、戦後の西ドイツの驚異的な発展の陰で、取り残されたり無視されたりしてきた社会の側面や人びとを手助けし、救うための社会活動に従事しているとのことである。この義弟のイメージは、Aの一面的な心的発達によってこれまで無視されてきた心的諸要素を救いだす内的作業と関連しているものと思われる。この無視されてきた新しい可能性は、即興の歌、すなわち既成の規範に囚われない自由で自発的な情動の働きによって救いだされねばならないのであろう。また、シャドウに関わる別の夢をAは見ている。

［夢17］（X年二月二五日）

Dがバッハの『マタイ受難曲』を指揮している。Dの指揮はたいへんまずく、演奏中につぎつぎと聴衆は席を立ってしまう。私にとってもまた、この演奏はひどく退屈で古臭く思える。

Aにとって『マタイ受難曲』はとても重要な作品である。Aにとって音楽とは宇宙との抽象的なつながり・調和・一致を体験させてくれるものであり、数ある音楽のなかでもこの『マタイ受難曲』と『ヨハネ受難曲』は、宇宙ともっとも強烈に結びついた感覚を味わわせてくれる特別な曲なのだという。この意味において『マタイ受難曲』は、Aにとって、とても宗教的な音楽なのである。したがってAは、Dが指揮するこのひどい演奏に耐えることができなかった。ちなみにD

は、Aが所属するオーケストラの音楽監督であり、音楽的にはとても陳腐なのに、うぬぼれた自己顕示欲の強い人間だとのことである。AはDのことを、とりわけその虚栄心のゆえに、ひどく嫌っていた。いわばDもまたAのシャドウを担っているといえよう。この宗教的な音楽作品との関連においてAは、自身の宗教観を次のように述べている。

「宗教は人間にとって必要不可欠なもの。とても自然な、人間としての願望。でも私はどの既成宗教にも合点がいかない。それらは教条的で、あらかじめ準備されているステレオタイプにすぎないから。宗教というのは押しつけられたり強制されたりすべきものではないはず。宗教というものは自発的に、私たち自らの自由な意思で求められるべきもの。私の両親はとても敬虔なプロテスタントだったので、子どものときは日曜ごとに教会に行かされていた。でも一四歳で堅信礼を受けてからは、宗教的目的で教会に行くことは二度となくなった。ただ多くのコンサートが教会でおこなわれるので、教会に行くとしたら仕事のためだけ」

Aにとって音楽とは、真に神なるものとつながることのできる、とても重要なチャンネルであることが窺われた。しかしAのうぬぼれの強いシャドウが、その大事な音楽を教条的で陳腐なものにしてしまっているようである。そこでThは、

Aに以下のような解釈をした。

「あなたは音楽をとおして、あなた自身の宗教を、あなた自身の哲学を、そしてあなた自身の情動を表現しなければならないと思う。だが今のあなたは音楽の作品そのものを演奏することに汲々として、すなわち音楽の真の内容の代わりにうわべの形だけに囚われており、けっきょくは教条的な音楽になってしまっているように見える。そのためにあなたは強迫的に、正確さに縛りつけられてしまっている。あなた自身の考えにしたがうと、宗教と正確さとは無縁なものであり、あなた自身の宗教を、音楽をとおして表現するのに、正確さなどに囚われて悩まされる必要はまったくないはずである。教条的な音楽だけが、伝統的なドグマにしたがって正確に演奏することをあなたに要求することになる。そしてそれゆえ、その教条的な音楽こそがあなたの手の震えを生みだしているのではないか？」

この解釈はAの心に深く響き、それゆえ、われわれは「他者のための音楽」から「自分自身のための音楽」への移行の必要性を話し合うことができた。そしてAは自分自身のなかにある抑圧された虚栄心、すなわち他者からの評価への執着(これがDによって象徴されている)が、自分自身の音楽を生みだす妨げとなってきたことに気づくことができた。いわば宇宙や神の「象徴(註9)としての音楽」が、シャドウの介在により「記号としての音楽」に堕落してしまい、そのためにAが自身の音楽に希求していたヌミノーゼ(註10)を喪失していたことに気がついたのである。

この点において次の夢はたいへんに示唆的である。

[夢20]（X年三月一日）

演奏を前にして私はとても神経質になっており、βブロッカーを服用する。舞台に上がると、子どもたちがバリ島のガムランを、新しいとてもモダンなガムラン楽器で演奏している。子どもたちはバリのスタイルで、たいへん上手にかつ気楽に演奏し歌っている。また子どもたちは大いにそれを楽しんでいる。私にもバリのガムランが演奏できるかしらと思う。

Aの緊張した態度と、子どもたちのリラックスした態度とのあいだのコントラストが興味深い。Aによるとバリのガムランは元来、宗教音楽なのだそうである。したがってこの夢から、A自身の音楽のなかに宗教性を回復することによって、βブロッカーは不必要となるのではないかと思われた。宗教性の問題に関しては、次の夢が啓示的である。

［夢39］（X年三月一四日）

カルチャーセンターのオープニングを祝う巨大なお祭りがある。妻と私は大きなホールのなかに入る。早朝だというのに人びとがビールやワインを飲んでいるのを見て驚く。気がつくと私自身もビールを飲んでおり、われながら本当にびっくりする。ホールの外に出ると、巨大な広場が見え、そこにはたぶん何百というたくさんの人がいる。人びとは一〇～一五人くらいのグループに分かれ、それぞれがグループごとに異なるさまざまな色の衣装を着こんでいる。それぞれのグループが有機的な編成ですごい速さで動きだす。上から見ると幾何学模様が動いているようである。妻と私は広場を囲む壁の上から見ている。やがてとても印象的な、回転する巨大な螺旋状の輪になる。回転の速度がどんどん速まり、猛スピードで回転するため、ついにはそれぞれの衣装の色が一つに溶け合って、ひじょうに美しくかつダイナミックで、とりわけそのダイナミックさに深く感銘を受ける。しかしついに、あまりにも速く回るため遠心力のせいで外側の人から順次、一人ひとり弾き飛ばされるように輪から外れてゆき、輪はしだいに小さくなり、最後には消えてなくなってしまう。誰もいなくなった広場をよく見ると、長いあいだ見捨てられ、荒れるにまかされたままの元ブドウ畑であることがわかった。ブドウの幹のいくばくかがまだわずかに残っているのみだった。
いつのまにやら妻がいなくなっており、私一人だけになっていた。昔のガールフレンドのEを訪ねることにした。彼女の家があるはずの所に、とうの昔に遺棄されたと思われる、見知らぬ古い大きな家があった。なかに入ると目の前に階段があり、それを登ると大広間がある。内部はすっかり荒れはてているのに、暖炉には不思議なことに客が来るのを待ち構えているかのように火が赤々と炎を上げている。朽ちかけた床の隙間から下をのぞくと、階下にやはり見捨てられ、長らく使われずに荒れるがままになっている教会があるのが見える。階下に降り、この教会のバルコニーでEに出会う。その瞬間に、自分が彼女とそして世界と深くつながっているという、なんとも言葉に言い尽くせないような強烈な感情を体験する。

AがEに出会ったのは二〇歳の頃である。彼女もまた同じ音楽大学の学生であった。彼女はAにとってたいへん神秘的な女性で、ある意味あまりに神秘的すぎて、一緒には住めないと感じさせるような存在だった。そのためAはEから離れ、より現実志向的で実際的な女性、すなわち同じヴィオラの演奏家である現在の妻とつき合いだし、結婚するにいたった。妻は生命力にあふれているものの、宗教的なものにはとても懐疑的で、無神論者ともいえるが、Eはたいへん敬虔なカトリック教徒であった。妻はいわば、現実レベルでのダイナミックな生命のエネルギーとAを結びつけてくれるアニマの一側面を体現しており、この夢の前半部で見られるように、（早朝から飲酒するような）伝統に縛られない自由で大きなホールの裏庭の広場でおこなわれた、壮大な円環運動へとAを導いてくれる存在であるといえよう。長いあいだ見捨てられ朽ちはててしまっていたブドウ畑は、A自身の内部の、それまで無視され続けたため枯渇してしまっているバッカス的なあふれ出る旺盛な生命力を象徴しているように思われる。さらにこの広場でくり広げられた印象的でダイナミックな円環運動は、Aのなかで失われてしまった生命力を自身の内界にふたたび取り戻しうる可能性を示唆しているように思われる。

他方Eは、Aを宗教的側面へ導いてくれる（妻とは対比的かつ相補的な）アニマを体現しているように思われる。ちなみにEという名前はヘブライ語で「神の娘」を意味（註11）しているのが偶然とはいえ面白い。この宗教的側面もバッカス的生命力と同様、長いあいだ抑圧され、無視され、うち捨てられてきており、それゆえブドウ畑同様すっかり朽ちはててしまっているようである。しかしいまやAは、Eで体現されるアニマの導きのおかげで、長いあいだ目を向けてこなかった自身の内なる教会の存在にようやく気づくことができるようになったのである。

しかもそのAの内なる教会は、Aに長いあいだ無視されてきたにもかかわらず、Aが必ず訪ねてくるであろうことを予感し、Aのために暖炉に火が赤々と燃やされ、Aの来訪を待ちわびていたかのようである。

なおAは『人間と象徴』を読み、アニマという概念に出会ったとき、その瞬間自分のアニマはこのEに違いないと確信したという。

［夢56］（X年四月一日）

市場にいる。ほとんどの店では服を売っている。コートを売っている店でいくつかのものを試着している。女性の店員がいろいろアドバイスしてくれる。なんとなく彼女は私に魅《ひ》かれているように感じる。市場を去ろうとすると彼女は私のあとをついてくる。彼女は短い黒髪のすらりとした女性である。私と彼女は店の並んだ歩道を歩いている。隣に彼女がいることを私は気にかけていない。彼女は腕を私の背後に回し、手を私の右の尻の上に置く。彼女の手の置かれた場所では、

服が消え裸になり肌にじかに彼女の手が触れられているように感じる。彼女は私の左側を歩いている。私はけっして彼女の誘惑に負けないだろうという自信に満ちている。

　Aのアニマは A に対して、いまの彼に会うもっとふさわしいペルソナを選んでくれているかのようでもある。しかしそれと同時にそのペルソナを取り去り、Aの本質にじかに触れようともする。しかしAはそれを拒否してしまっている。Aは「彼女のさわった場所の皮膚が裸になってしまうのを感じたとき、少々いらついた。彼女が私に好意を抱いているのを感じたけれども、私は彼女に特別な関心は抱かなかった」と述べている。Aの言葉からは、Aはいまだアニマと直接触れ合うことに不安を抱いているかのようである。ペルソナを貫きとおし内的な本質に直接触れることのできるアニマの、とりわけ神秘的な力に対して、Aはガードを固めているように思える。しかしアニマはAに好意をもってくれているようなので、早晩アニマとAとのあいだにはなんらかの関係性が確立することになるだろう。またアニマがAの左側、すなわちAの無意識の側に位置していることも興味深い。

［夢65］（X年四月一八日）

橋の上にいる。橋の上にはいくつかの店がある。二人の女性も橋の上にいる。彼女たちは私に魅力を感じているようであるが、私は彼女たちと関わろうという気はない。二人ともなんとかして私になるべく近づこうとしている。二人の女性を私が魅了させていると感じるのはまんざらではないし、二人とも素敵な女性だとは思うが、でも私としてはその二人とは離れ、一人になりたいと思う。その二人の女性に対する私の態度や感情はまったくぼやけていて、はっきりとはしない。

この夢の最後の文章に関して、Aは次のようなコメントをしている。

「二人の女性にどうふるまってよいのか、また二人に対してどのような感情をもつのが適切なのかわからず、困惑していた。だからその二人から私は逃げ出したかった」

そこでThはAに対して、またふたたびその女性が夢に現れてあなたを誘惑しようとしたり、なんらかの関わりを求めてきたりしたら、今度は逃げだすのではなく、その女性と会話を楽しむようにと励ました。さらに、あなたが自分自身のアニマから逃げようとしているかぎり、あなたはアニマから追いかけ回され続けるだけで、しかもよりネガティブな形でつけ回されることになるだろう、とThはAに警告した。どのみち、現時点でのAはアニマとの関係を恐れているので、アニマはAをより情熱的に誘惑しようと試み、当然Aがアニマに対して払うべき注意を、今後、強引にでも自身に向けさせようとしてくるのではないかと思われる。

ではAにとって今アニマとは何を意味しているのであろうか。それはたぶん、「赤」という色によって象徴されている見失われた感情ないし情動のことのように思われる。この象徴的な赤が最初に現れたのは以下の夢である。

［夢48］（X年三月二九日）

自分のために赤いバラを一輪切る。それは少々すりきれ、しかもすでに多少しおれかけている。このバラを日本の花瓶に挿し、生け花のようにアレンジしたら美しいだろうと思う。

ある意味、Aの象徴的な赤は少々損なわれているようである。そしてそれゆえそれは日本製の支えを必要としている。Thは、Aの転移夢で自分が包み込む器として現れることができたことを嬉しく思った。

以下において、この赤のテーマがAの心のなかでいかに展開し、またこの象徴的な赤がAの外的生活のなかでどのように実現しえたかを呈示してみたい。

［夢84］（X年五月一四日）

森のなかにいる。一羽の白いめんどりと二羽の黒いおんどりをじっと見ている。彼らは交尾している。しばらくして、めんどりが卵を一つ産む。私はめんどりと卵のために巣を作ろうとしている。やがてその卵から鮮やかな真っ赤な雛《ひな》が出てくる。なお夢のなかではずっと、太陽がまばゆく輝き、日の光は森のなかにも満ちあふれ、木々の葉はまるで春のような鮮やかな緑色をしていた。

赤に対するAの連想は以下のようなものである。

「血の色……ある種の自立……もっと自信をもちたいときに、なぜか赤い服を着たくなる」

この夢に関しては、「この赤い雛は生まれたてなのに、柔弱でひよわな感じはまったくなく、すっかり一人前の大人のようにタフで力強く完全に自立していた。もはや誰からもなんの助けも必要がないように見えた」とのことである。

この色のイメージ、すなわち黒（おんどり）と白（めんどり）が赤（雛）を生みだすというイメージは、黒化（ニグレド）、白化（アルベド）、赤化（ルベド）という三段階を経て、黄金ないし賢者の石が生成されるという錬金術の過程を想起させる。いかに赤を生みだすか、ないしはいかに赤を統合させるかということが、いまのAにとってとても重要な心理学的テーマのように思われた。

また、おんどりとめんどり（gallus et gallina）の対《つい》は、錬金術のなかではエロス的側面を表すイメージとしてよく知られている。

ついでにいえば、最後に出てくる緑色は、錬金術においては万物にひそかに宿る神的な生命の霊（spirit of divine life）を意味し、成長すること、すなわち希望と未来を意味し、そのため「祝福された緑」（beneditica veriditas）と呼ばれている。[4] その意味では、Aにとって、この「赤の統合のテーマ」はどうやら希望のもてることが示されているようである。

［**夢89**］（X年五月二三日）

てっぺんだけが鮮やかな赤い煉瓦作りになっている灰色の壁がある。この赤い煉瓦はなんとなく有毒なように感じられる。煉瓦は有毒な素材でできていて、そ

のため壁に近づくだけで危険なように思われ、私は壁に近づくことができないが、近づきたいと思っている。この壁はヨーロッパ大陸とアジア大陸とアメリカ大陸の境界に位置している。

現実にはまったく不可能なことであるがこの夢では、ヨーロッパとアジアとアメリカの三大陸が一つの中心に集まり、その中心にこの壁が存在しているという。それはたいへん小さな壁で、高さ一・五メートル、幅も三〜四メートルくらいのものだそうである。ある意味この壁は、三つの大陸が出会う点を示すランドマークといえよう。この壁も夢6の壁と同様、ある種統合の象徴となっているように思われる。Aの連想によると、アメリカは工業技術的進歩と浅薄な生き方とが結びついており、それと対比的にアジアは、工業技術的進歩はほとんどなされていないものの、人びとは自らの生を深いレベルで生きており、ヨーロッパは、ややアメリカ寄りではあるものの対極的な二つの大陸のほぼ中間のイメージであるとのことである。

ちなみにこの三大陸だけが、Aが実際に滞在したことのある大陸だそうである。Aにとっては有毒に思えてしまう赤い色への恐怖のために、Aが対立物の統合の中心にいたることはまだ不可能なようである。

［夢92］（X年五月二八日）

湖に何艘かの赤いヨットが見える。きっと赤い色をしているのは、これらのヨットが消防隊のヨット・クラブに所属しているからだと思う。しかしヨットの上にいるのは女性ばかりである。

この夢において興味深いことに、赤は女性と結びついており、Aにとって赤がアニマの色であることを示唆している。Aはこの夢に関して次のようなコメントをしている。

「すべてが赤かった。これらのヨットは何から何まですべてが赤かった。この赤い色は、美しい青い湖には似つかわしくないと私には思えた。やっぱりヨットの色は白であるべきだ」

夢89においては、赤は有毒で危険なものとしてとらえられていた。しかしこの夢では、いまだネガティブではあるものの、赤への抵抗の程度は軽減し、その場の雰囲気や調和を乱す不適切な色という程度にまでトーン・ダウンしている。さらにこの夢においては、赤は消防隊、すなわちいざというとき助けてくれる存在と結びついていることも注目に値する。

［夢94］（X年五月三一日）

劇場と思われる大きな建物の裏口の前にいる。五〇歳くらいの男が一人ドアから出てくる。その男はとても大きく、しかも力強い。そして邪悪な表情を顔に浮かべている。男は重要人物のようで、たぶんこの劇場の演出家と思われる。いつのまにか私は劇場のなかにいて、サーカスのように劇場の中央にある舞台の真ん中に立っている。大勢の観客が私を取り囲んでいる。例の邪悪な表情の男が私を試そうと挑んでくる。第一の挑戦として、私に犬をけしかけてくる。それは黒い犬で、凶暴そうに見える。犬は私に向かって突撃するかのように走ってくる。私はちょっと恐れをなすが、でも気を取り直し、友好的に心を開いてその犬に話しかける。すると犬もすっかり友好的になり、なついてくる。私はその男に、もはや脅威を感じることはなくなり、自信めいたものが出てくる。今度は、男は私に白ワインを飲ませようとする。私はそれをきっぱりと断る。すると次に、一人の女性が私に近づいてくる。突然、彼女は裸になり、床に横たわる。私は彼女の身

体を触り始める。すると突然夢は消えてしまう。

この夢についてAは興味深いコメントをしている。

「あたかも三つの挑戦ないし試練が私に課せられたように感じられる。黒い犬と白ワインと、そして女性の三つ。最初の二つの挑戦は邪悪な表情の男に課せられたように思われる。私はこれら二つの試練を、私を応援してくれているように見える大勢の観客に取り囲まれて、劇場の中央で通過する。しかし三つ目の試練の場合は、雰囲気がまったく個人的なものとなる。前の二つの試練は大勢の観客に見守られながらおこなわれたが、今回は私と女性のほかには周りには誰もいなかった」

最初の二つの試練は集合的な通過儀礼と関係があるように思われるが、三番目の試練はより個人的な性質の通過儀礼とつながっているように思われる。Aはさらに次のようなコメントをしている。

「最初の二つの試練は能動的に私自身の自由意志で扱うことができた。つまり、自分自身というものを明確に保持できており、自分自身の判断と自立した行為でこれらの試練を通過することができた。しかし三つ目の試練の場合は、私はその女性に誘惑され、性的情動が私のなかにかき立てられ、まったく受動的に私はその状況のなかに運び込まれてしまった。最初の二つの試練では、私は理性的に意志の力でふるまうことができたが、三番目の試練では強烈な情動の力によって否応なしに状況のなかに引きずり込まれてしまった。最初の二つの試練では、私はいわば厚い皮膚を維持できていたが、三つ目のそれでは私の皮膚がすっかり薄くなってしまったと感じた」

厚い皮膚と薄い皮膚というAのコメントはThに、Aのアニマが彼の厚いペルソナを裸にさせるという夢56を思いださせた。

黒いおんどりと、白いめんどりと、赤い雛が出てくる錬金術的なイメージの夢84を考慮してみると、第一の犬の試練が黒とつながり、第二のワインのそれが白とつながっているので、女性が相手のこの三番目の試練は赤と結びついているのかも知れない。とりわけ赤が女性性と結びついている可能性はすでに夢92によっても示唆されている。Aは、最初の二つの試練はロゴス原理で処理できたが、三番目のそれを取り扱うにはエロス原理が必要なようである。また状況に受動的に引き込まれる（状況に逆らわず身をまかす）というのは、まさに女性的ありようでもある。いずれにせよ、夢56・65ではアニマの誘惑に抵抗できたAも、ついにはこの夢においてアニマの誘惑に陥落してしまったわけである。しかしAはこの誘惑的女性を、「彼女の顔をはっきりとは覚えていない。彼女は特別なというより、一般的な女性の一人という印象しかない」と描写している。このことからAのアニマの顔はいまだ漠然としており、しかも個性がないという事実に注目すべきであろう。すなわちAはまだ女性的側面と関係をもつことに内的抵抗ないし不安を抱いていることが窺われる。それゆえこの夢は、アニマとのさらなる直面化を避けるために突然消えてしまったのであろう。

[夢118]（X年七月二二日）

Fの結婚式。祝宴は私の家でおこなわれている。私はFに黄色い花束を手わたす。彼女はすでにたくさんの花を持っている。彼女はそのたくさんの花を自分の頭のまわりに飾る。彼女の着ているドレスは深紅で、頭を飾っているすべての花もいつのまにやらドレスと同じ赤い色のバラの花になっている。彼女の頭はまるで、素敵にアレンジされた赤いバラのブーケの中央の、大きな一つの赤いバラの花のように見える。

結婚式に集まった一団は家を出て、あたかも行進でもするかのように通りをね

り歩く。私とFはカップルとして歩いている。彼女は私の右側を歩きながら、私の腕を取る。

Fとその夫は、A夫妻の共通の友人である。F夫妻は実際去年結婚したばかりである。Fも音楽家で、ピアノとハープシコードと歌が得意である。AによるとFは、とても自然体で歌ったり、楽器を演奏したりすることができるのみならず、生活のあらゆる側面において本当に自然のままに生きている人とのことである。彼女はいま子育てに専念しているが、その子育ての仕方もごく自然で、Aにはそれがとても好ましく感じられるそうである。

AによるFの頭の描写、すなわち素敵にアレンジされたたくさんの小さい赤いバラの花のブーケの中央の一つの大きな赤いバラの花というイメージは、ある種全体性の象徴としての曼荼羅イメージと見なすことができる。このイメージは、赤の統合によって全体性が得られることを示唆しているようでもある。

さらにFは自然さの象徴でもあり、それはまさにAにおいて欠けているものである。いわばAは考えることなしには何もすることができず、一方Fは考えることなく自身の自然の本能にしたがってすべてをおこないうる人である。しかしいまやFの結婚の祝宴がAの家、すなわちAの心のなかで執りおこなわれている。しかもAはFの花婿として現れており、その上Fは右側（夢56では女性は左側！）という意識の側に位置している。Aはついにそれまで見失われていた「赤」を自我意識のなかに統合し、バラの曼荼羅（ユングによれば、ゴシック様式の大聖堂におけるバラ窓のステンドグラスが西洋における曼荼羅イメージの典型）を手に入れることができたようである。以下において、この夢における「赤」の統合が、Aの外的世界では実際どのように実現されていったかを見てゆきたい。

まずなによりも、Aは自身の自然な情動を表現することへの恐れを、確実に減らしてゆくことができるようになってきた。A自身、もし重い弓を使えば自分が求めていた「自分自身の音」（my own sound）を創りだすことができるであろうことに気がついていながらも、それまでは、手の震えを恐れ、軽い弓のほうがはるかにコントロールしやすいので、軽い弓しか使うことができなかった。いわば、これまでは、意識的なコントロールのために、自分自身の音、すなわち（自身の情動的表現をも含んだ）自分の全体性の彼独自の表現を犠牲にしていたわけである。しかし四月末には、重い弓を使うことにチャレンジしてみようと決意することとができるようになっていた。そしてそれ以降、重い弓に助けられてしだいに「自分自身の音」を創りだし、練りあげてゆくことができるようになっていった。Aの意識的コントロールへの執着はますます弱まり、他方、Aは自分の感情や情動をよりいっそう自然に表現できるようになっていった。

Aのこの現実世界における過剰な意識的介入の減少は、夢118と対応している。すなわちこの夢においては、Aが最初にもっていた意識や知性を示す黄色い花が、いつのまにやら情動の色である赤いバラに、Fという自然な女性性のイメージを介在して変容しているのである。

この点において、ヴィオラ・ダモーレ（すなわち愛のヴィオラ）という楽器が、Aにとって特別の意味をもつことになる。この特別な楽器はAの夢において、意味深いありようでしばしば登場している。そのような夢の一つとして以下の夢を例示することにする。

［夢73］（X年四月二七日）

私はオーケストラで演奏している。Gが指揮している。演奏が終わったあと、Gが私に話しかける。Gはとても親しげで、あたかも友だちに話しかけるかのよ

うに私に話しかけてくる。Gはちかぢか私がおこなう予定の『ヨハネ受難曲』の演奏がうまくいくことを願っていると言ってくれる。私はその曲でヴィオラ・ダモーレのソロを演じることを求められている。

Aは特注で作ったヴィオラ・ダモーレを持っている。それは『ヨハネ受難曲』を演奏するときだけに使うためのものだという。したがってこのヴィオラはAにとってたいへんプライベートなイメージを帯びている。実際Aはそれを「私自身の楽器」と表現している。夢17を論じる際にすでに触れたように、この楽曲はAにとって、それをとおして宇宙および、何か神聖なものと結びつくことのできる重要なチャンネルの一つなのである。この意味において、ヴィオラ・ダモーレは宇宙とつながり結びつくための重要な楽器といえる。すなわちこの楽器は、エロス原理つまり関係性の機能を象徴している可能性がある。実際Aは、重い弓の使用とともに、とりわけこの楽器、つまり「愛のヴィオラ」の演奏をとおして、自分自身の音を見いだし磨きあげることができたのである。

他方Gは、Aのオーケストラのなかで最良の指揮者であることを認めつつも、現実には（夢7の論考で触れたように恐れ萎縮してしまうために）関わることのできない権威のある偉大な人物の一人である。Gが最高の指揮者である理由は、彼が内的規律（inner discipline）の持ち主だからとのことである。それゆえGはオーケストラを外的にではなく内的にまとめることができるという。Gは内なる指揮者、すなわち自己《セルフ》の象徴と見なしうるのかも知れない。しかしいまやこの夢73において、Aはもっとも権威ある人物、すなわち内なる指揮者と親密に関わることができている。しかも内なる指揮者は、Aがヴィオラ・ダモーレを演奏することを鼓舞し、励ましてくれているのである。現実においてAは、六月五日にオーケストラの団員の代表者に選ばれた。代表者としての仕事をつうじてAは、否応なくいわゆる権威や地位のある人たち（たとえばDやGやその他の実力者たち）と面と向かって話し合わざるをえなくなったのである。この経験はAにとって、父親コンプレックスや権威コンプレックスを解消するうえにおいて、良いトレーニングとなった。実際この仕事をとおしてAは、これらのコンプレックスを徐々に解消することができるようになっていった。すなわち、「赤」の統合によってAは、外的にも内的にも権威ある存在に対等な関係で結びつくことができるように導かれていったのである。換言すればAは、夢84で赤について連想していたように、「自立」を勝ちえたわけである。このラインでのAの変化と成長は、以下の夢によって印象的に示されている。

［夢90］（X年五月二四日）

私は医者と思われる一人の男性によって質問されている。男性は友好的で、自然かつ好ましい権威を身につけている。男性は、私が試験や競争の際に神経質になり不安になってしまうという問題を解決しようと試みている。私は卒業試験のことを尋ねられる。私はとても緊張し不安になっていたことを思いだす。次に男性はほかの誰かに、卒業試験のときは普段の試験のときより緊張したり不安になったりしなかったかと尋ねる。皆、当然いつもより不安になり緊張すると言う。男性は私に向かって卒業試験のときに緊張するのはまったく当たり前のことであると言う。……私に話しかけていた医者のはずの男はいつのまにやらGになっている。Gは森のなかに住んでいる。Gは他の人びととの接触を避け隠遁生活をしている。私は、Gが心を開いて信頼してくれるきわめて数少ない人間の一人である。……私は長くて幅の狭いボートを操っている。湖の狭くて困難な航路をなんとか通り抜ける。このボートはある種のモーターによって駆動されている。その後、それを陸の上で操っている。気がついたらそれは一組のスキーになっており、

しかもモーターによって駆動されている。水の上でも陸の上でもモーターによって駆動できるこのボート／スキーという発明品を私は気に入る。私はGと彼の家で出会う。Gは私のスキーの前方部分に座り、私はそのままGを安全に山の麓まで滑降して連れてゆこうとしている。Gの家の近所で何人かの子どもたちが遊んでいる。その子どもたちのうちの二人がやはり私のスキーの前のほうに座り込む。二人はGと私のあいだに座っている。二人の子どももまた私たちと一緒に山の麓まで行きたいようである。私はあまり速くなりすぎないように注意しながら滑降を続けている。しかし私はこのスキー操作に関してとても自信に満ちており、安全に確実に滑降を続けている。

最初の部分では、陽性転移の発展を見てとることができる。Aはこの治療者イメージとの相互作用をとおして、すなわち彼の陽性転移をとおして権威との関係性を改善することができたのではないかと思われる。

紙幅の都合上、具体的な夢の詳細は省略するものの夢5（X年二月一三日）においては、AとGとの関係は恐れに満ちたものであり、夢63（X年四月一二日）においてそれが中立的なものとなり、前述の夢73でようやく友好的なものに変化したが、今回の夢ではそれが信頼できる（confidential）関係にまで発展してきたことがわかる。

またAがボート／スキー装置を使いこなせるということは、陸と水という二つの次元の異なる世界のあいだを、すなわち意識と無意識のあいだを自由に行き来できる能力を得たことを示唆しているように思われる。Aはもはや以前のようにGによって導かれる存在ではなく、逆にA自身がいまやGを導いている。AはGの重要な側面、すなわち内的規律をかなりの程度まで自分自身のものとして統合できるようになったようである。さらにGと治療者のイメージがお互いに重なり合っているというのも興味深い。Aは内的規律のみならず内的治療者イメージをもまた統合し始めているかのようである。この点において、二人の子どもがAとGのあいだに座っているというのもたいへん好ましく思える。この二人の子どもは夢9に現れた二人の子どもと共通ないし同一のもの、すなわちAの内的発達の新しい可能性の象徴と考えられる。

夢7においてAは、それまで無視してきたビジネスマン的側面に追いかけられ必死に逃げていた。しかしながら、オーケストラの団員の代表者としての交渉や事務作業をとおしてAは、このビジネスマンというシャドウ的側面にきちんと向かい合い、それをどうにか取り入れることができるようになった。このことは以下の夢によって確認することができる。

［夢104］（X年六月一九日）

私は現代風の大きなオフィス・ビルの最上階にいる。部屋には巨大な窓があり、そのため部屋は明るい光で満ちている。私は机の前に座っている。その部屋は明らかに役員室のようである。二人の男が入って来る。その二人はとても重要で責任のある役職の人に違いない。でも二人はジーンズにシャツというラフな出で立ちで、とても友好的でくつろいだようすでふるまっている。私もまたここではこの友好的でくつろいだ雰囲気を共有している。

これ以前の夢では、オフィス・ビルが夢に出てくるときは常に不毛なものとして登場してきていた。しかし今ではそれが光に満ちあふれた肯定的なものとして現れている。したがってビジネスの象徴であるオフィス・ビルのなかでさえ、Aは自分自身の場と、ビジネスの肯定的側面を見いだすことができるようになったのである。

［夢105］（X年六月二三日）

家の修理がおこなわれねばならない。窓のパテを新しくしなければならない。私は有毒で危険そうなパテの素材を刷毛《はけ》で窓枠に塗りつけている。私と一緒にいる人びとはこの素材を恐れ、私に警告する。皮膚にそれをつけないかぎりは何も危険はないと私は彼らに話す。私はとても注意深く作業をしている。私はラベルを読んで、この修繕・刷新計画がHとDによって立案されたものであることを知る。

夢89ではまったく近づくことのできなかった有毒な素材を、Aは今ではうまく扱えるようになったことは明らかである。Hは有能な支配人であり、Dは夢17において陳腐で退屈な指揮者として登場している人物である。しかし最近Aはオーケストラの団員の代表としてDと交渉する機会が多く、その仕事をとおしてDにも良い面があることを見いだすことができるようになってきた。Dの、肯定的な意味における卓越した管理能力と実践力に深く感銘を受けるようになっていたのである。この夢においてわれわれは、A自身のなかにあるビジネスマン的側面を新たな視点で見直し、再評価するというテーマを見てとることができる。それは

Aのいままでの人格、すなわちそれまで彼のシャドウ（Aの内なるビジネスマン）を排除することによって成り立っていた、古い人格の刷新ということに関わる問題のようである。

［夢109］（X年六月二九日）

ラッパースヴィルで、チューリッヒに戻る切符を買うために駅の切符売り場に行く。Dが売り場に座って、切符を売っている。Dはパンツ一枚しか身につけておらず、上半身は裸のままである。受けとった切符を見ると、それはラッパースヴィルからヴォルムス行きのものであることに気づく。

Dがふたたび登場している。夢17ではDは虚栄心の強い男として現れていたが、いまやこの夢においては、彼の虚栄心はすっかり消え去り、ほとんど裸の状態で登場している。そしてこのシャドウを体現していた人物が、裸となり、その真の姿を顕現させ、Aに新たな方向性（これから行くべき道）を示唆している。ヴォルムスとはAによると、カテドラルの多いとても宗教的雰囲気に満ちたドイツの都市だそうである。ちなみにラッパースヴィルとは、「知性輝く村」がその語源となっている。したがってシャドウでさえも知性優位のAを、宗教性へと導こうと試みているかのようである。

さてここでふたたびAのアニマとの関係に目を転じてみたい。

［夢106］（X年六月二五日）

私と三人の女性のあわせて四人でダンスを踊っている。女性のうち一人は私の右側にいる。私は右腕を彼女の背にまわす。左腕は自分の背中にまわす。私の左側にいる二人の女性とは、私のとても近くにいるにもかかわらず、まったく触れ合うことはしない。

夢94では、アニマはAの内的抵抗にもかかわらずAを誘惑することに成功していた。そしていまや、Aは必要な量の三分の一までは意識的にアニマとの接触ができるようになっているようである。さらに残りの三分の二でさえも、もうすでにAの自我のすぐ近くにまで来ている。

［夢107］（X年六月二六日）

私はオーケストラで演奏している。指揮者はIである。Iは指揮を始める前に、オーケストラの楽団席めがけて頭から飛びこむ。床は深い水に変わっている。指揮者はヴィオラの最終列めがけて飛びこむ。そこにはこのオーケストラでは初めて演奏するフリーランスの二人の女性ヴィオラ奏者が座っている。リハーサルの前に泳ぐのは良いアイディアだと思う。さらに私は、指揮者がフリーランスの二人の演奏家に気づき、その二人をこのオーケストラの仲間として融和させよう（to integrate them）としていることに感心する。

Iもまたのオーケストラにおける最高の指揮者の一人であり、象徴的にいえば、ほとんどG、すなわち内なる指揮者のイメージと等価である。Aは、この夢の二人のフリーランスの女性演奏家は、夢106で自分の左側で踊っていた二人の女性のことを思い起こさせるという、興味深いコメントをしている。前の夢では、この二人の女性とAとのあいだには接触は何もなかった。この夢でもまた、二人の女性は単なるフリーランスで、Aのオーケストラにはまだ属してはいない。しかしAの内なる指揮者はこの二人の女性を統合しようと試みている。ところで、水泳のイメージもまた重要な意味をもっている。夏になると、Aは泳ぎの能力をかなり上達させることができ、それをとおしてAは身体との心地よい一体感、さらには自分をとりまく環境、すなわち水との心地よい一体感を体験することができるようになったのである。チューリッヒ湖での水泳の練習はAにとって精神(psyche)と身体(soma)とのあいだの溝、さらには世界と彼自身とのあいだの溝を埋めるうえで大いに役立つことになった。

［夢114］(X年七月二六日)

私は家にいる。知らない女性から電話があり、自分のレッスンを受けたくないかと尋ねてくる。その女性が教えられるのはどの楽器なのか探ろうとする。ついにそれはヴィオラ・ダ・ガンバに違いないと思う。その日の晩、女性は家にやって来る。女性は来るやいなや、私との身体接触を求めてくる。でも私はそれを好まない。私はその女性のことを一人の人間としては好きだが、こんなふうに扱われたくはない。女性は私にしがみつき続ける。私はすでに結婚しており、妻との関係を危険にさらす理由は何一つないことを彼女に説明している。

Aにとってヴィオラ・ダ・ガンバは『マタイ受難曲』と深く結びついている。したがってこの夢において、アニマはAに内的宗教性というものをいかに表現すべきかを教えたがっているかのようである。またこの夢において、Aは彼女とのいかなる身体接触をも避けようと抵抗している。しかし夢56・65と比較すると、Aは女性から逃げることを試みたり望んだりしているわけではなく、人として彼女のことを好いており、身体的な関係を求めてこないように、彼女を説得しようと試みているところが注目される。すなわちAは以前のようには、アニマとの関係をけっして避けようとはしていない。Aはただ肉体的関係以外の別の種類の関係性を求めているのである。さらにAはいまや、夢56・65・94ではなしえなかった、面と向かってのアニマとの会話ができるようになっている。それゆえ、夢94ではアニマははっきりしない特徴のない顔で現れていたが、この夢においては黒髪のとても美しい若い女性として、Aは彼女の顔を詳細に描写することができている。Aとアニマとのあいだにおける面と向かっての会話の成立は、Aにとってとても大きな進歩であるように思われる。

［夢128］（X年八月一五日）

私はとても長い市営バスを運転している。山道を運転している。道はとても狭いが、私は脱輪させることもなく、なんとかバスをうまく運転している。

［夢129］（X年八月一七日）

私はモダンな赤いメルセデス・ベンツを運転している。広場に着く。私のこの大きな車を止められる場所を見つけるのはたいへんであるが、ようやく二つの車のあいだに、なんとかそれをうまく駐車させることができた。

Aはこの二つの夢で大きな乗り物をうまく乗りこなしているが、夢128のそれは市営バスであり、すなわち集合的なものを、夢129では自家用車であり、すなわち個人的なものを、ともにうまく扱えるようになったということであろう。ところでAはこれまでの夢では、一人で車を運転しようとすると、いつも失敗していた。たとえば、エンストを起こして止まってしまったり、パワー不足で坂道を登り切れなかったり、道に迷って目的地にたどり着けず困惑しているなどの夢ばかりを見ていた。ところがいまや普通の車ではなく、とても大きな車でさえも、一人でちゃんと運転できるようになっている。とりわけ興味深いのは、Aがいまや赤い車をとても上手に運転できるようになっていることである。あたかも「赤」の統合を真になしえたかのようであり、そのことによりAはさらなる自立の力、すなわち自分自身の道をより力強く歩む力を手に入れられるようになるのではないかと期待される。

ところで、Aのさまざまな心身症的症状（腕や臀部のこわばりやひきつり、および上半身のアトピー性湿疹）は九月までには消失している。一方、演奏中の手の震えをコントロールするためのβブロッカーは九月になっても服用されていた。しかし九月二一日（第51回目）の面接でAは次のように述べた。

「βブロッカーへの依存は、私が常に理想的で完璧な状態を追い求めていることを意味しているように思える。そのような願望はまったく非現実的であると言わざるをえない。悪いものも含めて、どのようなコンディションでも受けいれねばならないといまは感じている。たとえ自分のコンディションがあまり良くないときでも、それなりの演奏ができなければプロとはいえないと思う。そうはわかっていながら、でもβブロッカーをやめるにはすごい勇気がいる。だけど、ともかく今晩の演奏ではβブロッカー無しでチャレンジしてみたい」

けっきょくは、Aは少しばかりの妥協をした。というのは、Aは薬瓶の底にたまたまβブロッカーのごく小さなかけらを見つけ、それを服用したのである。それは一錠の十分の一にも満たないわずかなものであり、Aもそのような少量のβブロッカーでは薬理学的にはもはやなんの作用ももちえず、作用するとしたらそれは単に心理的なものであることは充分に承知していたが、それでもある種のお守りとして服用したのである。なにはともあれ、Aはβブロッカーの服用量を大幅に減らすことができた。にもかかわらずAはとてもうまく、自信をもって演奏することができたのである。そして一〇月の中旬、Aはふたたびβブロッカー無しの演奏にチャレンジした。今回はβブロッカーが無いにもかかわらず、手が震えることもなく演奏することができた。したがってAは、手の震えの問題は事実上ほぼ解消したことを自覚した。しかしAはβブロッカーを服用していないという事実を意識するあまりに、自らの演奏があまりに自意識過剰でぎこちなくなってしまっていたことに気づかざるをえなかった。そこでAは当面βブロッカーのごく小片をお守りとして飲むことに決めた。充分な自信を得ることができれば、もっと自然に、あるいはほとんど無意識のうちにβブロッカーを服用せずに済むようになるだろうと思ったのである。Aは早晩そうできるようになることを確信していた。

ほぼ同じ頃、Aは他人の目を気にしないで演奏できるようになったことを報告している。別の言葉でいえば、A自身のペースで演奏できるようになったわけである。したがってAの演奏はより安定したものとなった。この改善のおかげで、Aはいくつかの名高い室内管弦楽団で演奏する機会を、より多くもつことができるようになった。

外的状況が上首尾に改善してきたところで、新たな別の内的課題が浮上した。

［夢152］（X年一〇月二一日）
マシンガンを手にした三人の軍服姿の男が私の周りを取り囲んで立っている。彼らは私にマシンガンの照準を定めている。私の両脚は裸でむき出しになっている。彼らは私にすでに一八歳（註12）になっているかと尋ねる。なんらかの理由で男たちは私になんの危害も加えない。その後私は両親の家におり、そこには初老の男が一人いる。その男は私に話しかけてこう言う。「おまえが出会ったその手の奴らは、たいてい相手をどこかにさらってゆき、そして殺してしまい、その死体は焼き尽くすものなのだ。だが誰もさらわれたあとの詳細な運命を知ることはできな

い。おまえは（彼らが連れ去るには）若すぎたのだろう」。どうもその男は私がまだ一八歳にも満たないと思っているようである。また、私が連れ去られなかったもう一つの理由は、私のどちらの足にも番号が何も印されていなかったからのようである。しかしあとでよく見ると、私の左足にはちゃんと長い番号が刻印されている。

この三人の誘拐者はThに、イニシエーションの儀式の指導者のイメージを想起させた。たとえばオーストラリアのアボリジニのウィラジュリ族の場合のように、ある年齢に達した子どもを母親から連れ去り、その若者を殺してからその死体を焼き尽くし、そしてその後一人前に成長した、すなわちイニシエートされた成人の姿でその若者を生き返らせる儀式の、導き手のイメージを連想したのである。しかしこの夢ではAは、イニシエーションの苦行から免除されてしまい、両親の家（すなわち母の乳房！）へと戻されてしまっている。Aはまだ「大人の人生」ないしは「聖なる世界の神秘」へとイニシエートされることが許されていないようである。だが現実には、このイニシエーションのための内的資格をAはすでに手にしている。なぜなら、Aは一八歳を過ぎているばかりでなく、必要とされている足の番号もすでにもっているのである。すなわち、Aのイニシエーションのための内的準備はもうすでに整っている。だがいずれにせよこの夢では、Aは一八歳未満と誤解されている。ではその一八歳のとき、Aには何があったのだろうか？（一八歳という年齢がAにとってもつ特別な意味は何か？）一八歳のときAは、とても神秘的な女性に出会い恋に落ちた。その女性の名前は奇しくもE、すなわちやはりたいへん神秘的な女性として夢39に現れた女性の名前とまったく同一だったのである。Aはけっきょくは、夢39のEから逃げ出したように、このEからも逃げ出していたのである。たぶん、Eによって明らかにされざるをえない人生の神秘に直面することをAは恐れていたからだと思われる。

Thはこのとき強く次のように感じた。一八歳以来棚上げされたままになってきているように思われるこのイニシエーションは、いまこそアニマの力を借りてなされねばならない。すなわちアニマによってもたらされうる人生の神秘へと、いまこそAはイニシエートされるべき「時」なのだと感じられたのである。

［夢165］（X年一一月一三日）

私はヴェルディ作曲のオペラのなかのある主要な女性役を演じることになって

いる。本番前にごく短いリハーサルをたった一回やっただけなので、どの時に何をすればよいのかがわからないのではないかと少々不安になっている。しかし同時に、ほかの役者たちが私を手助けしてくれ何をすべきか教えてくれるのではないかとも思っている。

私は婚礼に集う人びとと会わねばならない。そしてこの一群の人びとのなかで男たちだけに誘惑的な仕草で言い寄らねばならない。男たちを誘惑しながら、私は両手に聖水をたたえた椀を抱いている。男のうちの一人が私を地下牢のような所に連れてゆく。私はそこで殺され、焼かれようとしていることを知っている。私はまた女性の声で歌わねばならぬこともわかっている。そして私の役は「ジルダ」であることを知る。

Aは以下のようなコメントをしている。

「この夢は、私のイニシエーションと何か関係があるように思える。……この夢は宗教的雰囲気に満ちていた。……私の女性的側面のイニシエーションと関連しているのかなと感じている」

あたかもこの夢においてAは、アニマが何であるかを真に理解するために、自身が女性になってみることを強いられているかのようである。Aはこの困難な課題に充分な準備がまだ整っていないようであるが、Aがこの課題を達成するために、他の人たちが自分を手助けしてくれるのではないかと思えているのはたいへん勇気づけられる。すなわち、Aは他の人びとを信頼できるようになってきている。つまり肯定的なありようで他者とつながれるようになりだしているものと思われる。Aが演じねばならない女性の役はとても興味深い。この女性は男を誘惑すると同時に聖なる水の入った椀を保持している。この娼婦性と聖性との結合が、彼女を女性として完全なものにしている。すなわちこの結合こそが、夢152で回避されてしまった女性の神秘、あるいは人生そのものの神秘を生みだしうるのである。Aは女性の姿で殺され、焼き尽くされねばならないことになるが、まさにこれこそが夢152で免除されてしまったイニシエーションのための苦行なのである。Aはようやくいま、それまで引き延ばしてきた課題を終えることができたようである。Aはついにアニマの、そして人生そのものの神秘へとイニシエートされたのである。ところでこの夢ではAはジルダと呼ばれ、A自身も自分のことをジルダだと信じている。しかしこの夢におけるジルダの役は、ヴェルディ作曲の『リゴレット』における本当のジルダとはまったく異なるものである。『リゴレット』におけるジルダに対するAの連想は「犠牲」である。したがってここでは犠牲のテーマがとても重要なものとなっているに違いない。もっともいかなる通過儀礼においても、犠牲は必要不可欠なものとなっているのは周知の事実ではあるが……。

Aは女性を演じて殺されるが、真のジルダは男装して、自分を裏切ったけれども、愛するマントヴァ公爵の身代わりとなって自らの意志で殺される。純情可憐でうぶなジルダが身代わりになって助けた公爵は、どうしようもない女たらしの好色男である。すなわち純粋でうぶなジルダの死によって、好色男が生きのびることになるわけである。Aがジルダとして死ぬことによって、いままで抑圧されていたマントヴァ公爵的なものが少しは生きられるようになるということなのか。どのみち、真のジルダが男として死に、Aが女として死ぬという対比はとても興味深いものがある。

［夢175］（X年一一月二八日）

私はオーケストラでホルンを演奏している。私は私自身の音（my own sound）を十全に創りだすことができ、その音を大いに楽しんでいる。私の身体全体が共鳴している。

Aは次のような連想をしている。

「管楽器のなかでホルンは、オーケストラにおけるヴィオラと同じ機能をもっている。すなわちそれは、ベースとメロディーのあいだを仲介する。それはすべての音を中央に集め、結びつける。この意味において私はヴィオラとホルンが大好きである。実際、ヴィオラ奏者から転じてホルン奏者になっている人は少なからずいる。ヴィオラの音はけっして目立たないが、ホルンの音はとても目立つ。ホルンの場合、一つの失敗がすべての音を破壊しうる。だからホルンを演奏するには安定した精神が必要とされる。ごくわずかの精神の不安定さも容易にホルンの音には漏れ出てしまいうる。唇のごくわずかの震えも、音を駄目にしてしまう。サクソフォーンとかトランペットなどの他の管楽器とホルンは、この点においてまったく異なっている。ホルンはもっともデリケートな管楽器といえる。子どもの頃からそれを試してみたかったけれども、内的な力の欠如と、自分がさらされることへの恐怖から、けっしてそれに手を出すことはなかった」

ヴィオラとホルンの違いに関しては、Aは次のように述べている。

「ヴィオラは外的なテクニックを要求するのに対して、ホルンはむしろ何かメンタルなものを必要とする。ホルンを演奏する際、もっとも重要なものとして要求されるのは、いわば、楽器との内的一体感だと思う。楽器と奏者の身体とが一体となって共鳴しなければならない。あるいは奏者自身が楽器そのものにならなければならない。そしてホルンは、この奏者の身体という楽器の単なる延長であらねばならなくなる」

Thは、Aが「共鳴」（resonance）のイメージの重要さをとても強調することに深く心を動かされた。Thには、もしAが「内なるホルン」のイメージを統合できれば、Aは精神（psyche）と身体（soma）の共鳴も獲得できるのではないかと思われた。

ThはAに、ホルンとヴィオラの違い、すなわち内的テクニックと外的テクニックの違いに目を向けさせた。そしてAに自分自身の音を十全に創りだすために、ホルン奏者の心でもってヴィオラを演じるよう励ました。というのは、その傾向はどんどん目立たなくなってきてはいるものの、Aはまだひそかに外的テクニックにしがみつきたがっているように思われたからである。

［夢179］（X年一二月四日）

私は家にいる。それは私の本当の家ではないけれども、このアパートが私の家

であることを知っている。私は自分の子どもといる。私の子どもはまだ小さな生後三カ月くらいの男の子である。でもその子はすでに歩くことができる。その子の名前はダニエルである。私はダニエルと一緒に遊ぶのを楽しんでいる。

現実には、子どもを欲しがっているにもかかわらず、Aにはまだ子どもはいない。したがってAはこの夢をとても喜んでいた。A自身によるこの夢の解釈は、Thには妥当なものに思えた。

「三カ月前に生じた何か新しい変化が、確実に成長しているのかも知れないという印象を受けた。そこで三カ月前、つまり九月にどんなことが起きていたかを思いだそうとした。その頃、ほとんど毎日チューリッヒ湖で水泳を楽しみ、水との一体感と水のなかで完全に自由であるという感覚を体験することができていた。さらに、自信が日に日に増してきたおかげで、βブロッカーへの依存を無いに等しいまでに減らすことができたのも九月のことだった。この二つの出来事が、私自身の赤ん坊の成長によって象徴されているように思うのだが、どうだろうか？」

Thにもまったくそのように思えた。さらにThはAに、彼の内的子ども（inner

child）が生後わずか三カ月で歩くことができるようになっている事実、すなわちその驚異的な成長（miraculous growth）の事実[註13]に目を向けさせた。前回の面接での、「内なるホルン」というAにとってとてもふさわしいイメージの発見が、この驚異的な成長をもたらしたのではないかという印象をThはもった。そして、Aの主要問題の一つである心と体の分裂がこの適切なイメージ、とりわけ共鳴のイメージによって統合されることを期待した。なお水泳によってもたらされた重要な事柄として、A自身とAをとりまく外的世界との心地よい調和的な一体感を体験したことも忘れてはなるまい。またβブロッカーの服用量の顕著な減少もまた、心と体の溝が埋まりつつあることを示すものといえよう。したがって、内なるホルンのイメージの出現によって、これらポジティブな変化がさらに促進されうることを期待してよいのかも知れない。

ところで「ダニエル」とはヘブライ語で、「神は我が審判者なり」という意味である。したがってこの内なる子どもは、A自身の内なる審判者（裁き手）でありえよう。そのような内なる裁き手が三カ月前にA自身の内部に生まれたことのおかげで、九月頃よりAは他人の目（つまり外的審判者）に煩わされることなく、自らがよしとする（すなわち内的審判者が是認する）演奏を、より自信をもっておこなうことができるようになってきたとThには感じられた。

これ以降も順調に分析は推移するが、本章での事例呈示の目的は、健康度の高い西洋人の分析においては、本当にユングの述べているとおりに個性化の道が、それこそ「教科書的」に歩まれてゆくことが多い（しかし日本人においては必ずしもそうではなく、そこにまた東西の心の違いを考える契機が与えられて面白いのだが）ことを示すことにあり、その目的はほぼ達成できたと思われるので、あとは紙面の都合上簡略化して述べたい。翌X＋一年一月には、Aは「この一カ月でβブロッカーへの依存をはじめ、症状といえるものは何もなくなってしまった。だからいまの分析は自分にとっては医療的理由ではなく内的理由、つまり自身の内的成長のためにおこなっているという実感があるので、それを医療保険で支払ってもらうことには抵抗がある。医療保険の乱用というか……フェアーでないし……、自分の内的仕事のためには自身の金を払ったほうが自然な感じもする」と述べ、医療保険を自ら辞退し、自費で分析をおこなう決断をした。これもある意味西洋人的ともいえるが、分析というものに対してたいへん真摯なAの態度に驚き、かつ感心させられた。

［夢219］（X＋一年四月一二日）

リハーサルに行こうとしている。私は急いでいるので、きっと遅刻しそうなのに違いない。でもリハーサルがどこでおこなわれるのか正確な場所がわからない。あちこちと経《へ》めぐったあげく、最終的に教会にたどり着く。一人の修道女が教会の入り口で私のことを待ってくれている。彼女は私を教会のなかに招き入れ、私に座って少し休んで疲れを取るように勧めてくれる。彼女はとても美しく、私と同じくらいの年に見える。多くの修道女のように教会のドグマや自己否定の生活に縛りつけられることなく、彼女は精神的に自由で、人生を大いに楽しんでいるように思えた。私は教会の端《はし》の私のためにあてがわれた部屋に入り、そこで腰を下ろしほっと一息つく。何人かの音楽家がリハーサルの準備をしているのが見える。この教会こそが私の探し求めていたリハーサルの場所に違いないことを知る。

Aはこの修道女に対して、「多くの修道女がそうであるように外界や現実から逃れるために修道女になったのではなく、純粋に宗教的な気持ちから修道女になったのだと感じた」と述べている。すなわち本当の意味で宗教的で、かつ外的現実も否定せずそれを楽しむことのできる霊的なアニマ像がAの内界に登場したことになり、しかもそれは夢39のEや夢152の連想で出てきた同名のEとは異なり、投影されたものではない、純粋な霊的アニマ像(註14)といえよう。その霊的アニマに導かれてAは、教会のなかに自らの場所を得て、さらにそこで自分自身の音を磨こうとしている。またこの純粋なアニマ像は、宗教性と外的現実とが乖離することなく統合しうるものであることを体現している。

［夢220］（X＋一年四月一五日）

私は公共のプールにいる。私は赤い水泳パンツをはいている。水のなかで泳いでいると、水のなかに二頭のライオンが現れる。他の人びとは慌ててプールから逃げ去る。でも私は二頭のライオンとともに水のなかに留まり、ライオンとともにいることを楽しんでいる。私は二頭のライオンに挟まれてプールの中央で泳いでいる。怖くはなくて、なんとも素晴らしく良い気持ち……。

Aは「みんな怖がっているけれども、私はまったく怖いどころかライオンとともに泳ぐことを楽しんでいる。自信に満ちて泳いでいる」と述べている。百獣の王ライオンとともにいてさえもAの心と体との一体感、さらには水との一体感は揺らぐことなく、むしろその一体感のなかに二頭のライオンが包摂されているかのようである。それだけAの一体感は確かなものとなっているのであろう。その際、Aの水泳パンツが赤いこともじつに意味深いことである。

なおライオンに関してさらに拡充していえば、[2]錬金術の書『結合の会議』には、「ライオンすなわち下なるソル」と書かれている。つまりライオンは地上のソル（太陽）と等価とされており、ライオンは赤化（ルベド）の象徴なのである。[註15]しかし他の錬金術書では、霊としてのソル（太陽）と肉としてのルナ（月）の対立においては、ライオンはソルではなくルナの象徴として描かれたり、あるいは獣性ないし肉体性を孕んだソル、すなわち純粋に精神化ないし霊化されていない不純なソルとして描かれたりすることも多々ある。来談当初、精神性への過度の志向性が認められ、プエル・エテルヌス的であったAにおいては、むしろ純粋な精神性を表すソルよりも、動物としてのソルとつながるほうがはるかに意味深く感じられる。

さらに錬金術書では、しばしば太陽（ソル）を表す動物として、ライオンと同じく鷲も等価のものと見なされている。[5]イニシャル・ドリームとしての夢6の鷲のイメージと関連させて考えると、終結間際のこの夢に、このような形でライオンが現れたことはじつに感慨深いものがある。

［夢242］（X＋一年六月三〇日）

私は一人で地下に向かう階段を降りている。突然、一人の黒人が飛びだしてきて私に襲いかかり、私を乱暴に地下に引きずり落とそうとする。私は必死にその男に抵抗する。その男は私の右足をつかんでいる。右手にハサミがあることに気づき、私はそれで思い切りその男の手を打ちのめす。男は手を引っ込め、私を攻撃することを諦め、姿を消す。私はさらに下に降りてゆくことを決意する。

いままでの地下に向かう旅では必ず誰か同伴者がいたが、この夢では単独でそれがおこなわれていることが重要である。分析終了間際（終結の一回前の面接での報告）のイメージとしてはとても好ましく感じられる。つまりこれからのAの無意識の旅は、A一人で充分におこないうることを示しているように思われるからである。その際、意識的な現実機能を象徴する右手に、切断というロゴス原理の象徴であるハサミが持たれているということも、Aが自立しながらかつ安全に無意識と関わってゆくためには必要なことなのであろう。

X＋一年七月五日の最終面接（第一〇七回）では、いままでの分析過程の総括をおこなっている。Aは次のようにこの分析過程を振り返っている。

「この分析をとおして個人としての重み（personal weight）というか、肉体的重み（physical weight）だけではなく心理的重み（psychological weight）をも感じられるようになった。いままではそういう重みを否定して、知的に天翔《あまかけ》るというか霊的に地上性を否定しようとしていた。いまは個人としての重みを感じられるようになったおかげで大地に引き戻され、大地に足がついた」

Thは、Aが私たちのおこなってきた分析作業の意味を的確に理解（単なるunderstandではなく realize）していることを嬉しく思い、さらにAの表現であるpersonal, physical, & psychological weights というのはじつに当を得ていると感心した。

3　おわりに

これで事例の呈示は終わるが、この事例の呈示をとおして私が言いたいのは、私自身が日本人から日本語で分析を受け、その後スイスに留学して今度はスイス人から英語で分析を受け、さらにスイスで体験した症例と帰国してから担当した症例をあわせて四〇人弱の、西洋人との英語による治療分析および個人分析の経験から、統合失調症の治療を除いては、とりわけ個性化の過程というものは、日本人と西洋人とではかなり違うということである。統合失調症の場合、心のもっとも深い層すなわち集合的無意識が問題になるので、見かけ上の違い、たとえば自己《セルフ》の顕現がイエスになるか日本の神々や仏になるかの違いはあるが、本質的なところでの違いはほとんど感じられなかった。しかし本事例で問題になったような語源だの錬金術だののイメージは、集合的無意識よりは少し浅い層の文化的無意識が反映されている度合いがより大きいように思われる。

だからこそ、たとえば有名な錬金術書の『哲学者の薔薇園』の王と王妃、すなわち「男女の結合」の挿絵のイメージと、禅の『十牛図』に見られる「老若の循環のイメージ」の違いに、西洋と東洋の違いがよく反映されていると思われるが、これだけ違うということは、その両者が集合的無意識に由来するものではない、と考えざるをえないのである。実際、スイス留学前はほとんど精神科病院に寝泊まりしながら統合失調症者の治療に専念していた私ですら、日本人の統合失調症の患者さんの幻覚妄想に錬金術的イメージが現れたという体験をしていない。ただし第一章および第二章の論考で触れられているように、神話素としての元型はふんだんに現れてくる。

もっとも現代の若い子の夢には頻繁にギリシャ神話や北欧神話の神々や錬金術のイメージが出てくることがあるが、これは漫画やアニメないしはTVゲームなどの影響であり、いわば表層的なイメージにすぎず、深いレベルの夢にはそういったイメージが出てくることはない。しかし西洋人の成人の夢分析においては、夢見手が錬金術のことを知らなくても、すなわち錬金術の内容は知らなくても、あるいは知的には非科学的なものとして錬金術を馬鹿にしているような人でも、夢のレベルが深くなるとしっかりと錬金術のイメージが出てくることがしばしばある。しかし私が体験するかぎりでは、日本人の成人の夢に真に錬金術的なイメージが出てくることはほぼ皆無といえる(もっともユング好きの、わざわざユング派の分析を求めてくるような、しかもユング関連の本を読みあさっているような人の場合には例外もあるが)。

なおユングが錬金術の研究に没頭した根本動機は、ユング全集第一四巻所収の『結合の神秘』編者まえがき」のフォン・フランツの次の言葉に如実に表されている。フォン・フランツによると、「ユングは錬金術的伝統の探求をつうじて、自分自身の直接的で個人的な《無意識への下降》によって得られた体験と洞察とを言葉に言い表すことができるようになったということである。同時にまたそうすることによって、**自らの洞察をヨーロッパの精神的発展の歴史的源泉に結びつけることも可能になったのである**」（太字は筆者による）。

つまり、ユングの『赤の書』に書かれている内容、すなわちフロイトと別れたあとのネキュイアの体験はヨーロッパ人としてのルーツにも関わるものであることにフォン・フランツは気づいていたわけである。残念ながらユング自身はそのことを自覚できておらず、錬金術のイメージは全人類に普遍的なものと考えているが、それはユング自身が東洋人、とりわけ日本人の統合失調症の治療経験がなかったことと関係しているのではないかと思われる。天才ユングといえども経験していないことは、自身が経験をなによりも重んじ思弁に対して批判的であったにもかかわらず、こと錬金術に関しては自身のネキュイアの体験を敷衍《ふえん》しすぎて若干思弁的にならざるをえなかったのは皮肉としか言いようがない。幸い私自身は日本人と西洋人の統合失調症の患者さんの治療体験をもつことができたので、フォン・フランツの慧眼を支持するしだいである。ユングは自分自身のあまりにも強烈なネキュイアの体験に引っ張られすぎてしまったのに対して、幸か不幸かフォン・フランツはそういう体験をしていないので、より客観的に錬金術を見ることができたのではないかと思われる。とはいえユング自身も、自分が西洋人であることの、そして一九世紀末から二〇世紀半ばを生きた人間としての時代の申し子であるという個人的な限界を、しっかりと認識していたことは別のところできちんと表明しており、その点はユングの素晴らしいところだと思う。だからこそユングは、自分の猿まねをするなと言ったわけである。

ユングの魅力は、人間や世界に対する基本的な態度（basic attitude, grundlegendes Benehmen）、ないしはその世界観（Weltanschauung）にあると思われる。それを引き継ぐ者が真のユング派だと私は思っている。(8) シャドウやペルソナ、さらにはアニマ・アニムスなどや錬金術の重視などのユングの理論や概念は、ユング派にとって本質的なものではないと考えている。

したがって、第一章「ユング派精神療法」（これは私がユングの Weltanschauung の本質ととらえているものを呈示した論考）には、シャドウもアニマも出てこない。第二章「ユング心理学を診療に生かす」は、私がユングにならって、私自身の Weltanschauung、すなわち「武野ワールド」を呈示したものであり、たとえば布置（constellation）の理解は厳密にいえばユング自身のものとは異なっている（私自身の臨床実感をナーガールジュナ／竜樹の「中論」、すなわち空の思想に仮託して表現したもの）。また私の、チューリッヒのユング研究所における資格論文である『分裂病の神話』[6]においてと同様、「共鳴」（resonance）というイメージを第二章でも重視しているが、これは本章で呈示した事例から学び、それを用いたものである。このように治療者としてタブラ・ラサ（tabula rasa）[註16]となり、謙虚に目の前の一人ひとりの患者さんから学ばせていただくことによって、自らの臨床ワールドを築いていく態度がとても重要だと思っている。もしユングが生きていたら、日本人の私が、ユングの猿真似をしないで、日本人の心性に合う精神療法を模索しながら実践していることを、喜んでくれていると私は確信している。

日本人と西洋人の夢の違い、心のありようの違いを肌身で体験した私にとって、ユングの真骨頂は、「分析心理学はカール・グスタフ・ユングというたった一人の個人にとってのWeltanschauungすなわち世界観であり、自分以外の他の誰にも真の意味では妥当性のないものである」と言い切ったところにあると感じている。それゆえユングは、ユング研究所の設立に当初反対したわけである。もっとも、どうせ自分が死んだあとはユング研究所が作られてしまうだろうと悟ったユングは、どうせ作られてしまうならば自分の目の黒いうちに、ドグマチックなものにならないよう釘を刺しておくために、最後は設立に同意した。ユングの真意は、各人は各人の個性に応じた自分自身の世界観、自分自身の哲学、自分自身の生きた宗教、自分自身の生きた神話、そして誰かの猿まねではない自分自身の心理学を見いださねばならないというものである。したがって西洋人とは違う日本人の精神療法を確立することが、私たちユングの真意を引き継ぐ者としての責務ではないかと思われる。ゲティスバーグでの有名なリンカーンの演説(註17)、"government of the people, by the people, for the people" すなわち、「人民の、人民による、人民のための政治」にならって私たち日本のユング派は、"psychotherapy of the Japanese, by the Japanese, for the Japanese" つまり「日本人の、日本人による、日本人のための精神療法」を目ざすべきだといえるのではないだろうか。

アメリカ直輸入の没個性的でマニュアル的な認知行動療法(註18)が、急速な勢いで日本の精神医学および心理臨床の世界を呑みこもうとしている今こそ、ユングの一人ひとりの個性を大事にする開かれた自由で柔軟な態度が、とても必要とされていると思われる。本書を手にとっていただいたユングに関心のある読者の皆さん一人ひとりが、ご自身の個性に応じて、目の前の患者さんやクライエントから学んだ臨床実感を大切にして、そこから皆さん一人ひとりの個性ある臨床ワールドを築いていただくことを切に願うしだいである。

臨済禅師の「仏に逢うては仏を殺せ。祖に逢うては祖を殺せ」という有名な言葉があるが、私たち日本人の精神療法家は、日本人のための精神療法を築くためには、西洋人であるユングをまず殺し、ユング派分析家として名高いフォン・フランツを殺し、ヒルマンを殺し、グッゲンビュール＝クレイグをも殺さなくてはならない。さらに、各自の臨床ワールドを築くためには、先ほど述べた「日本人の、日本人による、日本人のための精神療法」のパイオニアである点において真のユング派であると私が言いうる河合隼雄先生でさえも殺さなくてはならない。したがって、ご縁によって私の分析を受けることになった臨床家の方々も、当然この私を殺さなければならない。真に自分の臨床ワールドを築くということは、先達を殺してしまうだけの覚悟と勇気が必要だということである。しかし今、まさにそのことが強く求められていることを私たちは肝に銘じるべきだと思う。

■註

（1）元来は、ローマ神話における土地の守護霊のことであるが、現在では、ある土地を保護したり、好ましい影響力を及ぼしたりといったような、その土地が歴史的にもつ固有の知的・魔術的な霊力などといったニュアンスで使われることが多い。

（2）本症例は研究所から一番最初に紹介された六〇代前半のアメリカ人女性で、しかも夫は国際的に有力な実業家である。症例の詳細は文献（7）に譲るとして、裕福な身でありながら、訓練生からの治療を希望すること〔註（4）を参照〕が当初は不思議であった。のちに、治療がうまくいったところで、じつは息子が自分の若い頃に似ているので、自分のように統合失調症を発症するのではないかと心配しており、しかし息子は成人年齢に達しているので親が援助するわけにはいかず、ほとんど定職に就けないでいる息子でもなんとか治療を受けられないかと思い、治療費が安く、かつ親として信頼のできる治療者を探すために、自らが訓練生の分析を希望したのだという。日本での臨床経験からすると、親が裕福な場合、親が治療費を肩代わりするのが普通なので、ここにおいても私はカルチャーの違い（西洋人の、たとえ我が子といえども「個の自立性」を重視する姿勢）を強く感じた。

さらにこの症例では、初回面接でいきなり夢をもってきて、解釈を求められた。私としては、報告された夢をただ聴くだけにして、まずは患者の自我意識のありようを理解するために、家族歴、生活歴、現病歴などをしっかり聴きたいと思っていたので、「夢の解釈は、全体的な流れのなかで自ずと浮かびあがってくるものなので、今は聴くだけにとどめたい。早急な解釈をして、もし誤った解釈をおこないなどして、あなたの今後の治療の流れに悪影響が出てしまうと困るので、夢の解釈は慎重にしたほうが良く、焦らないでいただきたい」と述べたところ、烈火のごとく怒り、「たとえ安くともお金を払っているのは私だ！　私はあなたの解釈を聴くために、料金を支払っている。その解釈をどう受けとめるかは私の責任だ。私があなたの誤った解釈を信じて、具合が悪くなったとしても、それはあなたの責任ではなく、誤った解釈を信じるという「選択」をした私の責任だ。選択権は私にあるのだから、遠慮なく私の夢に対して思うところを話してくれ」と詰め寄られてしまった。これも「自己責任」を重んじる西洋のメンタリティとの、鮮烈かつ強力な出会いであった。

幸い、この患者の治療はうまくゆき、自身の息子のみならず、社交界の友人・知人を計一三人も私に紹介してくれることになった。いろいろな意味で、私にとっての恩人かつパトロン的存在となった思い出深い方である。

（3）元来は不整脈や高血圧の薬だが、原因不明の手の震えなどといった本態性振戦治療のファースト・チョイスでもある。

（4）通常、正規の分析家からではなく訓練生からの治療を受けているアナリザントは、経済的理由で正規の料金を払えない場合がほとんどである。しかしこのアナリザントは年収二〇〇〇万円以上（所属オーケストラの年収と、主としてオフシーズンにヨーロッパを中心とした世界各国でおこなわれる古楽器を使った室内楽コンサートでの収入の合算）を稼いでいながら、縁あって訓練生の私の分析を受けることになった。

（5）私と同じく分裂気質であり、ユング派の言葉をもちいるならばプエル・エテルヌス（永遠の少年）的個性の持ち主である。

（6）ユングはフロイトと別れたあとの精神病的混乱状態［これをユング派では「夜の海の航海」ないしは「冥界下り（ネキュイア）」と呼ぶ］のなかで、一人の老人のイメージと出会った。この老人はやがて色鮮やかなカワセミの羽をもった老賢者として描かれるようになり、フィレモンと名づけられた。ユングはこのフィレモンを自己《セルフ》の顕現と見なすようになった。

（7）前章第3節「個人神話の創出」で記号と象徴の違いに触れたが、象徴を重視するユング派の夢分析においては、一人ひとりのアナリザントの「個人的」な連想をきちんと丁寧に聴くことがいかに大切であるかを、Aのこの連想がよく表している。その個人に特有の意味、すなわちその人固有の象徴が分析の場ではとりわけ大事となる。

なお記号と象徴の違いについては、本章の註（9）で詳述してあるので参照されたい。

（8）聖書の引用は、日本聖書協会の新共同訳による。

（9）ある個人にとってあることがらを、そのイメージでしか表せない、あるいはそうとしか表しようがないといった場合、そのイメージのことを象徴という。いっぽう記号とは、あることがらの比喩ないし交換可能な略称と見なせるようなイメージのことをいう。したがって象徴とは必然的であり、記号とは恣意的である。また象徴とは生きたダイナミズムをもつが、記号はいわば死んでおり、置き換え可能な代替物にすぎない。

（10）ドイツの神学者ルドルフ・オットーが、自身の代表作『聖なるもの』のなかで述べた、真に宗教的な感情を構成している非合理的で直接的な、戦慄的かつ魅力的神秘体験のことをいう。

（11）私のスイスでの分析家のグッゲンビュール＝クレイグ先生によると、西洋人との夢分析の場合は、名前とりわけその語源に注意を払うことが、とても意味深いとのことである。グリム童話（KHM55）の「ルンペルシュティルツヒェン」でよく知られているように、名前がその人やものの本質を適切に表していると考えられているからである。

(12)当時の西ドイツの成人年齢は一八歳で、選挙権と同時に兵役義務が課せられていた。

(13)このような神性を帯びた幼児元型のことをユングおよび神話学者カール・ケレーニイは「童児神」(divine child)と呼び、全体性の象徴である自己《セルフ》の萌芽的顕現であると見なしていた。以下の書を参照。
カール・ケレーニイ、カール・グスタフ・ユング『神話学入門』杉浦忠夫訳、晶文社、東京、一九七五

(14)ユングは、夢分析のなかにアニマが登場するとき、以下のような発展段階をたどることが多いと述べている。まず最初は性的な魅力に満ちた娼婦のようなアニマ、すなわち「生物学的アニマ」(biological anima)が登場する段階である。その次に来るのが「ロマンチックアニマ」(romantic anima)の段階である。このロマンチックアニマの表現こそが、古今の西洋文学最大のテーマの一つであったといえよう。そして第三の段階として現れるのが、夢219に登場する「霊的アニマ」(spiritual anima)であり、臨床実践での夢分析においては実質上、ほぼ最高位のアニマといってもよいであろう。ユングはさらにこの上に第四段階として「叡智のアニマ」(wisdom anima)を措定しているが、とりわけAのような若いアナリザントの夢にこの種のアニマが現れることはごく稀である。

(15)この対立はとても西洋的なものであり、錬金術はあくまで西洋起源のものであることに注意する必要がある。西洋においては、太陽神は男性であり月は女神であるが、日本神話では、太陽は女神であり月は男性神となっている。

(16)「掻《か》き消された白板」という意味のラテン語である。すなわち、いままで学んだことや体験したことをすべて棚上げして、まっさらな状態になるということであり、一人の患

者を目の前にしたときの治療者の態度として、ユングはそれをとても重視している。

（17）南北戦争のさなかの一八六三年一一月一九日、ペンシルベニア州ゲティスバーグにある国立戦没者墓地の奉献式で、アメリカ合衆国大統領のエイブラハム・リンカーンがおこなった名演説。南北戦争の激戦地で戦没者を慰霊するとともに、戦争でまっぷたつに分かれてしまった人民の融和を訴えたこの演説は、米国史上もっとも重要な演説の一つとして高く評価されている。

（18）認知療法の創始者のアーロン・ベックは、良好なラポールと安定した治療関係を不可欠の基盤として人間味あふれる臨床をおこなっていたと言われている。しかしその後継者たちが、認知行動療法（ＣＢＴ）として定式化してゆくなかで、テクニックとエビデンス重視の没個性的なものへと変質させてしまったように思われる。直接の面識はないものの著作や論文や講演をとおして知るかぎりにおいては、わが国を代表するＣＢＴの指導者である大野裕氏や原田誠一氏らの臨床は、人間味豊かなすぐれた精神療法と感じられるが、実際に臨床現場を席巻しているＣＢＴの現状は、没個性的で人間味を欠いた目をそむけたくなるものが多いこともまた事実である。

■文献

（１）Jung, C.G., von Franz, M.-L., Henderson, J.L. et al : Man and His Symbols. Aldus Books, London, 1964.（河合隼雄監訳『人間と象徴――無意識の世界〈上・下〉』河出書房新社、東京、一九七五）

（2）カール・グスタフ・ユング『結合の神秘 I』池田紘一訳、人文書院、京都、五九頁、一三一－一四八頁、一五二－一五三頁、一六六頁、一九〇－一九一頁、二〇二頁、三一二頁、三四六頁、一九九五

カール・グスタフ・ユング、『結合の神秘 II』池田紘一訳、人文書院、京都、五三－五六頁、五九頁、六二－六七頁、六九頁、一〇二頁、一三九－一四〇頁、一五九頁、四八七頁、二〇〇〇

（3）カール・グスタフ・ユング、前掲文献（2）『結合の神秘 II』一八三－一八七頁

（4）カール・グスタフ・ユング、前掲文献（2）『結合の神秘 II』二一八－二一九頁

（5）カール・グスタフ・ユング、前掲文献（2）『結合の神秘 I』一八三頁、一九一頁

（6）武野俊弥『分裂病の神話――ユング心理学から見た分裂病の世界』新曜社、東京、一九九四

（7）武野俊弥「〈分裂病〉の臨床――個人神話とのかかわり」河合隼雄編『ユング派の心理療法』日本評論社、東京、一一三－一二五頁、一九九八

（8）武野俊弥「私のユング派の精神療法」日本ユング心理学会編『ユング派の精神療法』ユング心理学研究、創元社、大阪、一三－二九頁、二〇一四

あとがき

高額な医薬品の開発や医療技術の発達とあいまって、超高齢社会が急速に進行しつつある現在、世界にほこれる日本の公的医療保険制度を維持し続けるためには、医療費のコストパフォーマンスを重視せざるをえない時代が来るのはやむをえないことかも知れない。そのため治療が短期間ですむことが売りのＣＢＴが精神療法の主流となるのは、時代の趨勢として仕方がないともいえる。しかしそれは、あくまで時代の流れがＣＢＴを選んだだけのことであり、ＣＢＴが精神療法として最も優れているというわけでは必ずしもない。実際、ＣＢＴには向かない人が多々いるのも事実であり、そういう人たちのために、ユング派の精神療法が存在し続けることには大きな意義があると思われる。

いま世の中は、政治経済はいうに及ばず、地球環境や社会の仕組みなどほとんどあらゆる領域において、かつてないほど激しくかつ急速に変化しており、それに応じて人々の心のありようも大きく変わりつつある。しかしここでいう心の変化とは、ユング心理学で言えば自我意識の変化であり、集合的無意識が変わるわけではない。

ところでユング派精神療法最大の特徴は、理論や技法にあるのではなくて、治療者の基本姿勢そのものにあるというところだといえる。理論や技法は時代の変化に応じて、いかようにも変わるし、また変わらねばならない。しかし一人ひとりの個性をかけがえのないものとして尊重し、それを最大限重視するユング派精神療法家の基本姿勢は、時代の変化にかかわりなく一貫して存在し続けるはずのものである。

「不易を知らざれば基立ちがたく、流行を知らざれば風新たならず」と松尾芭蕉が言うごとく、不変のもの、すなわち本質を理解しないと基礎が確立せず、一方、時代時代に応じて変化するものをきちんと理解しないと新しい発展もない。芭蕉のこの「不易流行」の精神は、精神療法にそのまま当てはまる言葉であると思う。治療者の基本姿勢を重視するユング派精神療法が、激変する今の時代を生きる日本人の心のよすがとなることを願い、本書がその一助となれば私としては望外の喜びである。そのためには読者の皆様方が、不易としての治療者の基本姿勢を尊重しつつ、個々人の個性に応じた「流行」、すなわち新しい風を日本の精神療法の世界に吹き込んでいただくことを切に願っている。

また本書が世に出る頃には、公認心理師制度が確立しているはずであるが、公認心理師が関わる領域としての医学分野では、冒頭で述べたようにCBTが中心となるのは確実と思われる。しかし、その他の領域としての産業分野や教育分野では、むしろユング派の精神療法が求められる機会が逆に多くなるのではないかと、自身の臨床体験からひそかに期待している。いままで心理職が国家資格ではなかったために、産業・教育分野で正規職員として働くことは難しかったが、今後は安定した立場で働く機会が増えることと思われる。とりわけ筆者も深くかかわっている産業分野においては、精神疾患の労災認定の増加に加え、労働生産性を損なう最も重要な一要因としての精神疾患対策の強化が厚生労働省によって精力的に推進され、二〇一五年一二月には精神疾患の一次予防としてのストレスチェック制度が導入された。これからますます産業分野においては、公認心理師がメンタルヘルスの専門家として活躍する機会が増えるものと思われ、そこにおいてはユング派精神療法家の基本姿勢こそが重要性を帯びてくるのではないかと願っている。
なお本書が出版できたのは、創元社の渡辺明美氏のご尽力のおかげである。先に述べた世の中の激変は、出版業界でも著しいものがある。その変化に対応しつつ良書を世の中に出すべく、取締役として粉骨砕身しておられる渡辺氏が、その忙しい中で時間をやりくりして、細やかに原稿に目を通し、編集の労をとっていただいたことにより、本書を世に出すことができた。ここに記して厚くお礼申し上げたい。

公認心理師法施行を目前に控え、本資格制度がより臨床的なものになることを願いつつ
二〇一七年八月一八日

武野俊弥

武野俊弥（たけの　しゅんや）

一九五三年　東京に生まれる。
一九七八年　東京医科歯科大学医学部卒業。同大学神経精神医学教室勤務。
一九八〇年　四倉病院勤務。副院長・院長を歴任。
一九八八〜一九九一年　スイス・チューリッヒのユング研究所に留学し、ユング派分析家資格を取得。
一九九二年　東京都新宿区に精神療法・精神分析専門のクリニックを開業。
現　在　武野クリニック院長、医学博士、精神科専門医、精神保健指定医、産業医。ユング派精神分析医（国際資格）。
著　書　『分裂病の神話』（新曜社）、『嘘を生きる人　妄想を生きる人』（新曜社）、『夢と象徴の深層』（共著、有斐閣）、『ユング派の心理療法』（共著、日本評論社）、『ユング派の臨床』（共著、金剛出版）、『心理臨床の治療関係』（共著、金子書房）、『心理療法と物語』（共著、岩波書店）、『精神医学文献事典』（共著、弘文堂）、『今日の精神疾患治療指針　初版&改訂第2版』（共著、医学書院）、『診断の技と工夫』（共著、中山書店）、『精神療法の技と工夫』（共著、中山書店）
訳　書　『サリヴァン入門』（共訳、岩崎学術出版社）

ユング派精神療法《はせいしんりょうほう》の実践《じっせん》
西洋人《せいようじん》との夢分析《ゆめぶんせき》の一事例《いちじれい》を中心《ちゅうしん》として

二〇一七年一一月一〇日　第一版第一刷発行

〈著　者〉武野俊弥
〈発行者〉矢部敬一
〈発行所〉株式会社　創元社
本　社　〒五四一-〇〇四七　大阪市中央区淡路町四-三-六
電　話　〇六-六二三一-九〇一〇(代)
ＦＡＸ　〇六-六二三三-三一一一(代)
東京支店　〒一六二-〇八二五　東京都新宿区神楽坂四-三　煉瓦塔ビル
電　話　〇三-三二六九-一〇五一
http://www.sogensha.co.jp/
〈印刷所〉株式会社　太洋社

装幀　長井究衡

ISBN978-4-422-11671-6 C3011
〈検印廃止〉
落丁・乱丁のときはお取り替えいたします。